W0320726

Sorge

Christian Berger

über
morgen

Sorge

Christian Berger

Inhalt

„[...] die Antwort, welche den Menschen
in den Mittelpunkt der gegenwärtigen Sorge
rückt und meint, ihn ändern zu müssen, um
Abhilfe zu schaffen, ist im tiefsten unpolitisch;
denn im Mittelpunkt der Politik steht
immer die Sorge um die Welt [...]“[1]

- Hannah Arendt

Einleitung

Was ist Sorge? Eine Emotion. Etwas Öffentliches und etwas Privates, Intimes zugleich. Arbeit. Ein Wirtschaftssektor, der sogenannte Care-Sektor. Grundlage nicht nur individuellen, rationalen und weniger rationalen, sondern auch politischen Handelns. Fundament für Ökonomie und Gesellschaft. Und: Sorge ist der zweifelnde Blick in eine ungewisse Zukunft; Sorge um den Zustand der Welt, die angesichts einer gegenwärtig vielfach und dauerhaft gewordenen Krise auf dem Spiel steht. Eine vernachlässigte Dimension dieser Vielfachkrise, zu deren Überwindung zwar seit einiger Zeit „Resilienz" von Märkten, Unternehmen, kritischen Infrastrukturen und Systemen aller Art ins Treffen geführt wird, nicht jedoch das eigentümliche Moment und Motiv der Sorge, die als

Institution den Grund für unsere ökonomischen und sozialen Beziehungsgeflechte legt.

Sei es der Notstand in der Pflege, sei es Geschlechterungleichheit oder sei es die Ökonomisierung so vieler Lebensbereiche, die materielle Grundversorgung prekärer machen, die gemeinschaftliche Vorsorge zurückdrängen und Existenzverhältnisse unsicher machen: In all diesen Tendenzen steht die private Bedürfnisbefriedigung und Risikobewältigung im Zentrum politischer Diskurse und Maßnahmen. Die öffentliche Organisation von Versorgung und Vorsorge wird seit einigen Jahren reduziert; Institutionen wie Kranken- und Pensionsversicherungen, Bibliotheken oder Theater, deren Ordnungslogiken auf Solidarität basieren und die Bedürfnisse und deren Befriedigung als kollektive Verantwortung und Aufgaben anerkennen, verlieren ihre verbindende und das Dasein in spezifischer Weise kultivierende Bedeutung. Daseinsvorsorge wird zur Privatsache, organisiert über anonyme Märkte und digitale Plattformen, lokalisiert in Einfamilienhäusern und Wohnungen. Diesen und anderen bekannten oder weniger bekannten Bruchlinien und Sollbruchstellen der Gesellschaft ist gemein, dass sie einen Mangel an Sorge offenbaren.

All das übt Druck auf Beziehungen und „global" gewordene Haushalte und Sozialstrukturen aus. Die Sozialphilosophin Nancy Fraser sieht „gesellschaftliche Reproduktion insgesamt in Bedrängnis".[2] Aktuell zeigt sich dies an der Destabilisierung und Informalisierung von Arbeits- und Lebensverhältnissen, der Privatisierung von Arbeitslosigkeit, Diskriminierung und sozialen Verwerfungen durch den Neoliberalismus, der nicht die Sorge um andere, sondern die Selbstverantwortung als Prinzip staatlicher Systeme definiert. Eine Folge dieses gesellschaftlichen Drucks ist das Erleben und Erleiden von Entgrenzung und grassierender Zeitarmut, Depressionen und Burn-outs. Die Konsumraten von Schlaf- und Schmerzmitteln steigen kontinuierlich. Der gesellschaftliche Druck zeigt sich zudem an der überindividuell ungleichen Verteilung von und individuellen Belastung durch unbezahlt geleistete, bisher wenig beachtete oder geschätzte Sorge- und Versorgungsarbeit. Sie wird stillschweigend vorausgesetzt und überwiegend durch Frauen erbracht; ihre systemerhaltende Funktion wurde in der Corona-Krise nun etwas sichtbarer und spürbarer. Die Corona-Krise hat gezeigt, welche Art von Arbeit essenziell, überlebensnotwendig und trotzdem unter- oder gar unbezahlt ist.

Im Zuge der neoliberalen Transformation wurde der niemals für alle gültige wohlfahrtsstaatliche Klassenkompromiss aufgekündigt, sozial Deklassierte kämpfen an den Rändern der Gesellschaft schon längst ums Überleben. Vor der Corona-Krise konnte man die Tendenz feststellen, dass öffentliche Angebote und Einrichtungen im Sozial- und Gesundheitssystem, der Kinderbetreuung, der Pflege und Altersversorgung reduziert oder „vermarktlicht" wurden und sich die von Nancy Fraser diagnostizierte „Krise der sozialen Reproduktion" zuspitzte. Corona zeigt das Ausmaß der Care-Krise. Corona zeigt, dass Ungleichheit tötet. Die Arbeiter*innenklasse ist am stärksten betroffen, vor allem Personen, die im Einzelhandel, in der Reinigungs- und Pflegebranche arbeiten, allen voran Frauen und Migrant*innen. Ihre Arbeit ist unter- oder unbezahlt und dennoch notwendig, sie sind die, auf die man für das Funktionieren der Gesellschaft nicht verzichten kann, die man nicht ins Homeoffice schicken kann.

Diese Entwicklung zeigt nicht zuletzt, dass die Krise der Care-Institutionen in einem weiteren politökonomischen Systemzusammenhang steht. Sie verweist auf gesellschaftliche Widersprüche, die Krisen hervorbringen. Der plötzliche Ausfall von institutionellen Einrichtungen – vor allem von Schulen und öffentlichen Kinderbetreuungsmöglichkeiten – bedeutet eine Verdichtung von Sorgearbeit in privaten Räumen und Beziehungen, erhöht Mehrfachbelastungen und gesellschaftlichen Druck. Corona hat vielfach ungleichheitsverstärkend gewirkt.[3]

Kaputtgesparte Gesundheits- und Sozialeinrichtungen sind nicht in der Lage, Menschen massenhaft ausreichend oder gar gut zu versorgen. Das wissen wir zwar nicht erst seit Corona, auch wenn Corona die

Dringlichkeit und Gegenwart der Care-Krise in das öffentliche Bewusstsein gerückt hat. So sind etwa zwei Drittel derjenigen Menschen, die im Zusammenhang mit dem Covid-19-Virus verstorben sind, auf Pflege- und Betreuungseinrichtungen entfallen. Der Care-Notstand, die Unterausstattung mit Personal und die Einführung von immer strikteren Effizienzvorgaben verursachen nicht nur Stress und Erschöpfung bei den Care-Arbeiter*innen, sondern auch vermeidbare Tode.

Die „sozialreproduktive Krisentendenz"[4] ist – unabhängig von Einzelkrisen und Konjunkturschwankungen – typisch für die kapitalistisch organisierte Gesellschaft. Diese wäre ohne konstante Aneignung von und strukturelle Abwertung von weiblicher Arbeitskraft undenkbar, denn die sich wandelnde, kapitalistisch organisierte Gesellschaft beruht auf geschlechtshierarchischer Arbeitsteilung. Die Integration dieser feministischen Erkenntnisse in eine Politik des Wandels von Arbeits- und Wirtschaftsverhältnissen, die – unter anderem – in diesem Buch entworfen wird, macht es zuvorderst notwendig, den Begriff *Wohlstand* radikal neu zu denken. Beziehungen, Ökonomie und Gesellschaft entlang von „Sorge um andere und das Lebendige als leitendes Prinzip"[5], wie die Politologin und Ökonomin und Gabriele Michalitsch schreibt, neu auszurichten, ist eine der wesentlichsten Fragen, an denen sich unsere Zukunft entscheidet.

„Wo Frau liebt, sind alle Konzepte der
alten Wirtschaftsführung überholt.
Sie kommt dabei nicht [...] auf ihre Rechnung,
sondern auf ihre Differenz."[6]

– Hélène Cixous

Differenz

Die Sorge entsteht in der Beziehung zu sich, zu anderen, zur Welt. Sie setzt ein Differenzverhältnis voraus. Mit der Differenz wird es jedoch schon kompliziert. Wo Differenz ist, ist auch Ungleichheit; Gleichheit gibt es nur zu dem Preis, Differenz zu neutralisieren – sie setzt empirische Ähnlichkeit voraus, um Verschiedenes gleich zu behandeln. Gleiches gleich, Ungleiches ungleich. Herrschaft am Horizont.

///

Differenzfeministische Ansätze versuchen, menschliche Qualitäten (wie Emotionalität, Sympathie, Empathie, Fürsorglichkeit) als Qualitäten, die weiblich sind und sich ausgeprägt überwiegend bei Frauen finden, als solche – als weibliche Werte – aufzuwerten. Größere Bekanntheit in ethischen und rechtlichen Diskursen erlangten Carol Gilligans moralpsychologische Studien einer „Ethik der Fürsorge“, die eine „andere Stimme“ *(„different voice“)* von Frauen in Fragen der Identität und Lebensführung zu bestätigen scheinen.[7] Laut der Schriftstellerin Hélène Cixous als ebenjene Stimme, die „ins taube männliche Ohr [fällt], das in der Sprache nur hört, was männlich spricht“[8].

„Die Frauen reproduzieren untereinander vermutlich die seltsame Skala der vergessenen Tuchfühlung mit ihrer Mutter. Komplizenschaft im Unausgesprochenen, heimliches Einverständnis des Unsagbaren, des Augenzwinkerns, eines Tons der Stimme der Geste, eines Farbtons, eines Geruchs: darin sind wir, unseren Personalausweisen und Namen entflohen, in einem Ozean der Präzision, einer Informatik des Untrennbaren. Keine Kommunikation zwischen Individuen, sondern eine Entsprechung zwischen Atomen, Molekülen, Wortfetzen, Satztropfen. Die Gemeinschaft der Frauen ist eine Gemeinschaft der Delphine.“[9]

– *Julia Kristeva*

Die weibliche Differenz ist etwas, das erst errungen werden muss.

Gilligans Arbeiten zufolge würden Frauen moralische Probleme nicht als im Rekurs auf abstrakte Rechte und Pflichten gerecht oder fair zu lösende Interessenkonflikte betrachten, sondern als Beziehungsprobleme und daher als lebensweltliche Fragen von Verantwortung und Fürsorge. Weibliches Handeln steht hier ganz im Zeichen von Partikularität und Parteilichkeit, von „Liebe und Fürsorge für andere" – sie mache sogar „den Kern der Moralität aus, und alle sollten dem nacheifern"[10], wie Martha Nussbaum den differenzfeministischen Ansatz zusammenfasst. Er ist zweifelsohne ein wichtiger Bezugspunkt für die Kritik am politökonomischen Konstrukt des rationalen, individualistischen Bürgers und die Suche nach alternativen Möglichkeiten der Konfliktlösung: Sie soll rascher und günstiger sein, dazu auf gute Kooperation und Lösungen für alle in einen Streit involvierten Personen und Gruppen ausgerichtet – man denke nur an den Mediations-Boom der 1980er und 1990er Jahre. Ihr Ansatz ist aber auch Bezugspunkt für die Bestätigung von Geschlechterklischees, so wurde die Care-Ethik – durchaus erfolgreich – als Legitimation der Unterrepräsentation von Frauen in Unternehmen herangezogen.[11] Demnach gebe es keine geschlechtsspezifische Diskriminierung, sondern nur die geschlechtsspezifische Differenz.

Weibliche Werte führen in einer solchen Argumentation zu weiblichen Priorisierungen von gegenseitiger Fürsorge in Beziehungen und gegen eine berufliche Karriere und Konkurrenzverhältnisse. Dass das, was Menschen priorisieren und wofür sie sich entscheiden, in erheblicher Weise von gesellschaftlichen Zuständen und damit von sexueller Ungleichheit und Sexismus bestimmt ist, bleibt dabei unhinterfragt.[12]

Auf legistischer Ebene wurde schließlich von der Rechtswissenschaftlerin Tove Stang Dahl Anfang der 1990er Jahre sogar ein „Geburtenrecht" vorgeschlagen, in dem abstammungs-, reproduktions- und sozialrechtliche Aspekte aufgehen, sowie ein spezifisches „Hausfrauenrecht", in dem die Arbeits- und Lebensleistungen von Frauen an finanzielle Ansprüche und soziale Sicherheiten geknüpft werden sollten, um diese derart rechtlich anzuerkennen und staatlich zu honorieren.[13]

Differenzfeministische Entwürfe „anderer" Modelle von Ethik und Konfliktlösung oder gar Gesetze sind schon eine ganze Weile nicht mehr vorgelegt worden. Sich affirmativ auf Weiblichkeit – also auf Frauen als Gruppe besonders mitfühlender, fürsorglicher Wesen – zu beziehen, wurde zunehmend als essenzialisierend und homogenisierend kritisiert; ein spezifisch weiblicher Bezugspunkt zur Regulierung sozialer Beziehungen geht mit einer schwierigen Vorstellung von „Gleichheit in der Differenz, als Ungleichheit der selbstbestimmten

Lebensentwürfe"[14] einher. Die Forderung nach Anerkennung von gleichen Rechten – in diesem Zusammenhang Frauenrechten[15], jedoch lässt sich dieser Gedanke auf LGBTIQ-Personen und andere marginalisierte, diskriminierte Gruppen erweitern – kann nicht funktionieren, ohne Geschlechterrollen und Gruppenidentitäten zugleich normativ zu fixieren. Das wiederum kann dazu führen, dass strukturelle Ausschlüsse und Ungleichheiten aus dem Blick geraten. Doch auch eine nach wie vor vitale feministische Diskussion, die etwa primär auf Quoten für Spitzenpositionen fokussiert, verschleiert daher auch Macht- und Herrschaftsverhältnisse im Allgemeinen und Differenzen zwischen Frauen im Besonderen, indem sie schlechthin individuelle Wahlfreiheit unterstellt und Zugangsbarrieren und die geschlechtsspezifische Segregation des Erwerbsarbeitsmarkts ausblendet.[16]

Eine grundlegend andere Perspektive auf Fragen der Geschlechterdifferenz liefert die Rechtsprofessorin und Anwältin Catharine A. MacKinnon. In ihrer Theorie wird die Geschlechterdifferenz vor allem durch die Erotisierung von Unterwerfung und Dominanz hergestellt, Gender ist für sie nicht nur soziales, sondern sexuelles Verhältnis.[17] Im Gegensatz zum Differenzfeminismus versteht der Radikalfeminismus Geschlechterverhältnisse als sozialstrukturelle – und damit überindividuelle – Hierarchieverhältnisse: So ist das Geschlecht nach

MacKinnon ein sozialer Status, der darauf beruht, „wer wem was antun darf; nur in einem abgeleiteten Sinn ist es eine Differenz".[18] Für MacKinnon ist weibliches Handeln eine Überlebensstrategie gegenüber männlicher Macht und Gewalt in patriarchal strukturierten Wirtschaftsorganisationen, staatlichen Institutionen, im Familienleben, im Bereich des Sexuellen und in den Geschlechterbeziehungen. Dies gilt *vice versa* auch für Männer, für die männliches Handeln zur sogenannten patriarchalen Dividende führe.[19] Damit gemeint sind die materiellen und ideellen Vorteile, die alle Männer haben, die sich loyal gegenüber einer (imaginierten) männlichen Interessengemeinschaft verhalten. Daraus resultiert eine Anspruchshaltung (in Bezug auf Ressourcen aller Art, inklusive Frauen). „Ungleichheit kommt zuerst; danach kommt Differenz."[20] Frauen werden in MacKinnons konstruktivistischer, radikalfeministischer Konzeption – ganz im Sinne von Simone de Beauvoir[21] – erst zu Frauen, weil sie einen spezifischen, beschädigenden Sozialisationsprozess durchmachen, der durch die Verinnerlichung eines untergeordneten Status und der Verfügbarkeit als Opfer gekennzeichnet ist.[22]

Die Qualitäten und Werte, die eingangs als weiblich beschrieben wurden, sind keine komplementären, nachgeordneten Differenzen; sie gehören „zum innersten Wesen des ethischen Lebens. Keine Gesellschaft kann es sich leisten, diese Gefühle nicht zu kultivieren."[23]

Die der Care-Ethik eigenen Qualitäten und Werte gelten jedoch nicht als allgemein erstrebenswert, sie werden in einem Unterordnungsverhältnis angeeignet und ausgeübt. Die politische Emotion[24] der Sorge, in der sich Sympathie, Zugewandtheit, Verbundenheit und Verantwortung artikulieren, ist eine ethische Grundanforderung. Dieser Grundanforderung kann gesellschaftlich notorisch nicht entsprochen werden,[25] solange Geschlechterhierarchien im Privaten fortbestehen und außerdem auch als etwas Privates, Natürliches behandelt werden, womit sie dem Bereich des politisch Verhandelbaren entzogen sind. Der Privathaushalt[26] ist eine soziale Organisationsform und ökonomische Basisinstitution, in ihm wird ein erheblicher Anteil an gesellschaftlich notwendiger Sorge geleistet, in ihm werden Kapital in all seinen Sorten und Formen (vor-)verteilt und männliche Herrschaft und maskuline Normen (und weibliche Abweichungen) alltäglich eingeübt.[27]

In den feministischen De- und Rekonstruktionen der Theorien vom Gesellschaftsvertrag wird die Aufgabe der Familie, Kinder ethisch zu prägen und auf das Leben in der Demokratie, auf soziale und rechtliche Verbindlichkeit und Wechselseitigkeit vorzubereiten, als wertvolle und bedeutsame Funktion anerkannt – und zwar bei und trotz Kritik an deren patriarchaler, heteronormativer Grundstruktur (institutionalisiert etwa in den Rechtsfiguren der väterlichen Gewalt und der

Geschlechtsvormundschaft[28], aktualisiert in Deutungs- und Anerkennungskämpfen um legitime Sexualitäten, Präferenzen und Partnerschaften[29]). Diesen Zielen, so betont Martha C. Nussbaum im Anschluss an John Stuart Mill[30] und Susan Moller Okin[31], werden viele Familien heute jedoch immer noch nicht gerecht.[32] Sie erziehen Männer, die von einer feudalen, hierarchischen Ordnung im Haushalt geprägt sind – und diese werden nicht imstande sein, politische Gleichberechtigung leben zu können.[33] Differenz ist daher auch „fälschlicherweise symmetrisch", sie ist der „Samthandschuh auf der eisernen Faust der Herrschaft."[34] In dieser Sichtweise schließt die gesellschaftliche Wahrnehmung von Geschlecht Gleichheit per se aus (sie setzt Nähe und Distanz, Ausnahme und Regel, Identität in Dichotomie voraus); Differenz wird gesellschaftlich anerkannt, sogar geschätzt oder auch geleugnet – und immer über das männliche Maß und Macht definiert.[35] Daher sind Differenzen nicht gleich, sondern relativ, sie reflektieren den Status quo. Differenzen sind Ungleichheiten.[36]

„Am ersten Tag gab es die Differenz;
am zweiten Tag wurde darauf eine
Teilung begründet; am dritten Tag zeigt sich
gelegentlich Dominanz. Teilung kann rational
oder irrational sein. Herrschaft ist
gerechtfertigt oder ungerechtfertigt.
Differenz *existiert*."[37]
– *Catharine MacKinnon*

Die Aufwertung von Sorge als Gefühl und Handlungsmotiv, die gleichmäßigere Aufteilung von Sorgetätigkeiten auf Frauen und Männer und die Kultivierung von Sorge in allen Lebensbereichen sind daher nicht zuletzt Herausforderungen eines unabgeschlossenen Demokratisierungsprozesses. Es geht um nicht weniger als um eine gesellschaftsvertragliche Integration von Gerechtigkeit und Care. In deren Aushandlung ist das Verhältnis von Geschlecht, Gleichheit und Differenz zu bestimmen, wobei Gleichheit und Differenz in diese Aushandlung selbst integriert werden müssen. Ein Dilemma. Müsste dafür doch „Gleichheit ohne Angleichung oder Gleichheit auch in der Differenz"[38] gedacht und institutionalisiert werden. Die *Ökonomie der Sorge* ist eine dafür entscheidende Sphäre.

Ökonomie

Die Corona-Krise ist die neue Form der „Vielfachkrise“[39] des Kapitalismus und seiner nicht-kapitalistischen Fundamente im Bereich der sozialen Reproduktion, der Aufrechterhaltung von sozialen Systemen – das sind individuelle Beziehungen, Bindungen und Communities, Familien, Dörfer, Städte und das gesellschaftliche Gefüge. Dieser Bereich ist nicht auf Rationalität und Verwertung ausgerichtet, sondern auf Versorgung.

Verantwortung

Das Corona-Virus trifft auf eine Gesellschaft, in der ökonomische Konkurrenz universalisiert ist und das Verhältnis von Markt und Staat, Privatheit und Öffentlichkeit verkompliziert, in Teilen verkehrt ist.[40] Der Markt ist zum Ordnungsprinzip geworden, er reguliert Gesellschaft und Staat. Nicht nur wird staatliches Handeln nunmehr längst an betriebswirtschaftlichen Kriterien und Managementlehren ausgerichtet, das Staatsbudget und Staatsschulden, staatliche Dienste und Leistungen werden privaten Logiken von Disziplin und Selbstverantwortung unterworfen. Der Staat wurde zum Standort, der mit anderen Standorten in einer Wettbewerbsbeziehung steht. Die politische Vernachlässigung von Daseinsvorsorge, Vorsorge- und Versicherungssystemen, die Privatisierung öffentlicher Leistungen und das Eindringen von unternehmerischen Logiken in den Privathaushalt, das Privatleben, die Familie und den Menschen selbst hat nicht nur zu einer Universalisierung von Marktlogiken, sondern auch zu einer Erosion von *Ökonomien der Sorge* geführt.

Im neoliberalen Regime haben die Menschen für sich selbst zu sorgen. Sorge um sich wird jedoch zur Selbst-Organisation, zur Selbst-Optimierung, letztlich Selbst-Regierung.[41] Das „unternehmerische Selbst“[42] trägt die ausschließliche Verantwortung für die eigene Existenz und seine Position im gesellschaftlichen Gefüge; Scheitern, Ungenügen, Krankheit, Krise – all dies sind Ausdrücke des eigenen Unvermögens. Das Ideal der Selbstverantwortung steht nicht nur im Widerspruch zu Verantwortung für andere, es verdrängt die in wohlfahrtsstaatlichen Einrichtungen institutionalisierte gemeinschaftliche Verantwortung. Ausgeblendet wird dabei die Bedeutung von Beziehungen, Bindungen, Asymmetrien und Abhängigkeiten. Soziale Spaltungen, Chancenungleichheit und Berufshierarchien werden als weitgehend gegeben wahrgenommen oder unterschätzt und durch individuelle Leistung und biografischen Erfolg gerechtfertigt.

So steht etwa das Homeoffice den Besserverdienenden (Angestellten, Selbstständigen) zur Verfügung – jenem Viertel der Berufstätigen mit dem höchsten Einkommen, von dem mehr als die Hälfte die Wahl hat, zu Hause zu arbeiten – und zwar krisenunabhängig. Nun soll die gesundheitliche Selbstverantwortung der einzelnen Bürger*innen aus der Krise führen. Schon vor Corona galt Kranksein als „Zeichen defizitärer Selbstführung und mangelnder Prävention. Sie impliziert daher nicht zwangsläufig das wohlfahrtsstaatliche Recht auf ärztliche Behandlung, sondern obliegt vermehrt individueller ‚Problemlösungskompetenz'. Damit wird schließlich nicht nur die Grenze von Arbeit und Freizeit flüssig, auch die zwischen Leben und Tod scheint, wenn auch nicht aufhebbar, so doch individuell verschiebbar."[43] Für sich sorgen heißt in Pandemie-Zeiten zudem, sich sozial zu isolieren („Schau auf dich, schau auf mich"),[44] und das können nur diejenigen, die über dafür notwendigen Raum und Ressourcen verfügen. Ein Privileg ist es auch, zu Hause sicher zu sein. Es lohnt sich daher, einen Schritt zurück zu machen und einen Blick in dieses Zuhause, in den Haushalt zu werfen, der historisch für Ökonomie – als soziale und ökonomische Verantwortungsgemeinschaft – schlechthin stand.

Tradition

Etymologisch betrachtet leitet sich der Begriff Ökonomie – wie auch der Begriff Ökologie – von *oikos*, dem griechischen Wort für Haus beziehungsweise Haushalt ab. Das antike ökonomische Denken war nicht auf den Markt bezogen, sondern auf das Haus als Ort, an dem gewirtschaftet und füreinander gesorgt und gemeinschaftlich vorgesorgt wurde. Die antiken und scholastischen Lehren, die auf das Haus und die mit diesem wirtschaftlich verflochtene Landwirtschaft bezogen waren, firmieren oft unter dem Titel „(alteuropäische) Ökonomik": „Die Ökonomik als Lehre vom Haushalt umfaßt eben die Gesamtheit der menschlichen Beziehungen und Tätigkeiten im Haus".[45]

Bis ins 18. Jahrhundert waren der Begriff und das allgemeine Verständnis von Ökonomie also durch die traditionelle Versorgungswirtschaft charakterisiert. Die soziale und materielle Basis der Versorgungswirtschaft war das „ganze Haus"[46], in dem Wirtschaft und Gesellschaft noch nicht als getrennte Sphären erfahren wurden. Das ganze Haus war der Ort, an dem sowohl primäre als auch sekundäre wirtschaftliche Produktion stattfand, wo also Rohstoffe aller Art gewonnen, zugleich ver- und weiterverarbeitet sowie Landwirtschaft betrieben wurde; und es war der Ort der Reproduktion: der Konsumtion, der Kindererziehung, der Versorgung von Alten und Kranken und der Vermittlung kirchlicher und weltlicher Normen und Wertvorstellungen.

Mit dem Übergang von der „privaten" zur „öffentlichen Ökonomie"[47], zur „politischen Ökonomie" – also einer staatlich organisierten und gelenkten Wirtschaft und Regierungslehre zugleich – wird das Haus als Zentrum ökonomischer Tätigkeit und primärer Bereich der Verwaltung und Vermittlung ökonomischen Wissens verdrängt; die Lenkung „der Wirtschaft" mit dem Ziel, den „Wohlstand der Nation"[48] zu erhöhen, wird auf den Staat übertragen. Die „politische Ökonomie" bezeichnete nach Gabriele Michalitsch „ab etwa Mitte des 18. Jahrhunderts die Analyse der Produktion und des Umlaufs von Gütern, aber auch in einem umfassenderen Sinn jede zur Sicherung des Wohlstands einer Nation geeignete Regierungsmethode".[49] Durch die Entwicklung von Handel, Warenverkehr und technische Erfindungen wie etwa Streichhölzer, die die Bewachung der Herdstelle und das zeitintensive Feuerschlagen unnötig machten, oder auch durch die Einführung von Kochgeräten, hat sich die Haushaltsführung breiter Bevölkerungskreise in der ersten Hälfte des 19. Jahrhunderts grundlegend verändert.[50] Die autarke Hauswirtschaft weicht peu à peu dem von Markt und Staat abhängigen Privathaushalt, in dem die „Norm bürgerlicher Haushaltsführung“[51] dominiert.

///

Es ist auffallend, dass die unbezahlte Reproduktions- und Sorgearbeit im privaten Haushalt trotz ihrer grundlegenden Basisfunktionen und überwältigenden Bedeutung für die Gesellschaft und die Wirtschaftsordnung eine „Blindstelle verschiedener ökonomischer Theorien“[52] darstellt. Der Haushalt kann als privater Raum *par excellence* bezeichnet werden; in ihm werden soziale Rollen und damit auch Geschlechterverhältnisse eingeübt. Das wichtigste Prinzip ist im privaten Bereich die Sorge um andere, um die Familie oder die Lebensgemeinschaft, nicht der Profit; Abhängigkeit voneinander ist dabei selbstverständlich und auch nicht negativ konnotiert, Autonomie ist ein nachgeordneter Anspruch. Auch die Begrenztheit von Raum und Ressourcen sowie Nachhaltigkeit und eine gewisse Subsistenzorientierung (also der Versuch, mit dem Vorhandenen gut auszukommen und unabhängig versorgt zu sein) sind wichtige Merkmale, die Sorgelogiken von Markt- und Wettbewerbslogiken unterscheiden.

Die Ökonomin Maren A. Jochimsen[53] benennt drei zentrale Merkmale von typischen Sorgesituationen, die für ein Verständnis von Care-Economy grundlegend sind: erstens die beschränkte oder nicht vorhandene Autonomie, zweitens die Asymmetrie in der Position der involvierten Personen und drittens die einseitige oder auch wechselseitige Abhängigkeit. Diese Merkmale existieren nicht unabhängig voneinander; die limitierte Handlungsfähigkeit einer umsorgten Person ist in vielen Situationen der Grund, warum asymmetrische Positionen relevant werden und Abhängigkeiten entstehen. Dies trifft vor allem auf Kleinkinder, physisch oder psychisch kranke und gebrechliche Menschen zu, die von der sorgenden Person existenziell abhängig sind.

In der klassischen „Hausfrauenehe", in der nur der Ehemann berufstätig war, allein über Einkommen und Vermögen verfügte und für den Unterhalt der Ehefrau aufkam, während diese unbezahlt im Haushalt arbeitete, war nicht die beschränkte Autonomie Ausgangspunkt, sondern die einseitige wirtschaftliche Abhängigkeit und die von Asymmetrie gekennzeichnete Beziehung zwischen den Eheleuten, die von Verletzlichkeiten und Verantwortlichkeiten geprägt ist.[54] Diese beziehungsbezogene Asymmetrie resultiert meist aus der Verfügungsmacht über materielle Ressourcen der umsorgten Person, die der sorgenden Person Unterhalt oder Entgelt für die Ausführung von Sorgetätigkeiten oder deren eigene Existenzsicherung zur Verfügung stellt.[55]

„Das ganze Leben immer nur Haushalt, Haushalt, Haushalt, hab meinen Gören den Hintern abgeputzt oder den Alten, um die ich mich kümmere. Scheißleben.“[56]

– *Edouard Louis*

Die Besonderheit heutiger Sorgesituationen ist jedoch auch durch die Funktion gekennzeichnet, die die sorgende Person ausübt (unabhängig davon, ob diese nun unbezahlt tätig wird oder ihre Dienstleistung über den Markt zugekauft wird): Sie sichert meist auch die Existenz der umsorgten Person.[57] Sie sichert daher im weiteren Sinne ein Beziehungs- und Weltverhältnis – der Welt zwischen Personen und der Welt, die aus diesem Beziehungsgeflecht durch Sorgehandlungen entsteht. Auch so kann soziale Reproduktion verstanden werden: als Ermöglichung von menschlicher Existenz und Aufrechterhaltung sozialer Ordnung.

Die angesprochene „Hausfrauenehe“ gilt nicht nur als kulturell überholt, sie existiert in ihrer prototypischen Form aufgrund von allgemein gestiegener Frauenerwerbstätigkeit und einer stagnierenden Reallohnentwicklung nicht mehr. Sie wirkt jedoch in abgewandelter Form, in den unterschiedlichen Zuverdienst-Arrangements, in den geschlechtsspezifischen Erwartungen und modernisierten Beziehungs-Arrangements sowie in der Bewertung von Arbeit fort. In der Politik fand die

Existenzweise von Frauen, die unbezahlte Haus- und Sorgearbeit leisteten – und damit die wirtschaftlichen Leistungen von Hausfrauen als solche –, kaum Berücksichtigung, im Recht kaum Anerkennung. Die Höchstrichterin Lilian Hofmeister argumentierte etwa Mitte der 1990er Jahre, dass „durch Sparen beim Karenzgeld; oder durch pensionsrechtliche Vorschriften, die den Lebenszusammenhang einer Hausfrauenehe nach wie vor nicht berücksichtigen; oder über die Aufrechterhaltung der bisherigen Situation, daß Frauen wirtschaftlich für die Zeugungs- beziehungsweise Empfängnisverhütung aufkommen müssen“[58] der gesellschaftliche Druck auf Frauen durch ökonomische Abhängigkeit und soziale Unsicherheit wesentlich verstärkt werde.

Die Arbeits- und Lebensweise von Frauen als „Hausfrau“ bildete sich im 19. Jahrhundert vor dem Hintergrund viktorianischer Ideale als Norm westlicher Familien, als Kern der kapitalistischen Gesellschaftsform heraus. Vordergründig wurden von den herrschenden Eliten moralische Bedenken hinsichtlich einer Erosion der Familienverhältnisse und Sitten durch den Arbeitseinsatz von proletarischen Frauen (und Kindern) in den frühen industriellen Werken, wo sie zunächst benötigt wurden, ins Treffen geführt. Tatsächlich gab es aber die politische Befürchtung, dass mit den sozialreproduktiven Kapazitäten die Grundlagen der sich gerade durchsetzenden Wirtschaftsweise wegfallen würden. Deshalb wurden zunächst in Großbritannien und dann auch in Mitteleuropa Protektionsgesetze zur Begrenzung von Frauen- und Kinderarbeit unter Betonung von Verschiedenartigkeit und natürlicher Bestimmungen des „starken“ und „schwachen“ Geschlechts eingeführt.[59]

Die dadurch bedingte „Heimkehr“, der Prozess der *„Hausfrauisierung“*[60] – die Umdeutung von Haus- und Sorgearbeit in unbezahlte Arbeit und geschlechterhierarchische Arbeitsteilung – schuf die allgemeine Basis für kapitalistische Arbeitsteilung und Kapitalakkumulation: „Das Charakteristikum dieser Arbeit: sie wird angeeignet, nicht gekauft“.[61] Konkret bedeutete dies für Frauen und alle, die hausfrauenähnliche Sorgetätigkeiten ausübten, die rechtliche Schlechterstellung, Arbeitsdruck bei gleichzeitiger ökonomischer Abhängigkeit und Unterwerfung unter den modernen männlichen Haushaltsvorstand, der nicht von ungefähr an den aus der Antike bekannten *pater familias* erinnert, der nach Römischem Recht Verfügungsmacht über Tod und Leben seiner Familienmitglieder und Haushaltsangehörigen (Sklav*innen!) hatte. Damit wurde Haus- und Sorgearbeit nicht nur ab-, sondern ökonomisch komplett entwertet und das binär-hierarchische Geschlechtermodell der Moderne in den Gefühls-, Denk- und Sozialstrukturen verankert.[62]

Gary S. Beckers familienökonomische Modelle der 1970er Jahre schlossen daran an und ordneten sie in neoklassische Logiken ein: In ihnen wird altruistisches Verhalten von Eheleuten mit einer interdependenten Nutzenfunktion erklärt. Das bedeutet, dass füreinander gesorgt wird, weil dies der eigenen Position nützt – der Bedürfnisbefriedigung, der Erlangung von zeitlichen und finanziellen Vorteilen.[63] Kinder, die über keine Handlungsfähigkeit verfügen, konzipiert Becker gar als Güter, die zur Bedürfnisbefriedigung in den Nutzenfunktionen ihrer Eltern dienen.[64] Sorge ist hingegen kein Gut, kommt in den Modellen als Faktor nicht weiter vor. Laut Beckers *New Household Economics* sei es schlicht rational, dass sich Frauen und Männer in arbeitsteiligen Ehegemeinschaften beziehungsweise Kleinfamilien zusammenschlössen; durch den gemeinsamen Konsum von Gütern könnten Effizienzgewinne erzielt und ökonomische Größenvorteile (die sogenannten *Economies of Scale*) ausgenützt werden. Als Versicherungsgemeinschaft böte ein Haushalt zudem materielle und immaterielle Absicherungen in Fällen von Krankheit, Arbeitslosigkeit und Alter, und als Produktionsgemeinschaft könnten aus der Spezialisierung der Haushaltsmitglieder komparative Kostenvorteile erzielt werden.[65]

Diese Vorteile könnten idealerweise durch eine klare Arbeitsteilung realisiert werden, in der eine Person für die Erwerbsarbeit und eine andere Person für die Haus- und sonstige Reproduktionsarbeit zuständig sei. Da Frauen durch eine mögliche Schwangerschaft einen potenziellen oder tatsächlichen biologischen „Wettbewerbsnachteil“ hätten, seien ihre Arbeitsmarktchancen geringer und ihr allgemeines Einkommensniveau niedriger. Daraus ergebe sich ihre Zuständigkeit für unbezahlte Haus- und sonstige Reproduktionsarbeit. Aus der Prämisse der Nutzenmaximierung lasse sich zudem ableiten, dass Investitionen in die Bildung und Ausbildung von Frauen wenig rentabel seien, da diese nicht im gleichen Ausmaß wie Männer in den Arbeitsmarkt einträten und die dadurch erworbenen Fähigkeiten keinen zusätzlichen volkswirtschaftlichen oder auch bloß haushaltsbezogenen Nutzen stiften könnten.

Jenseits dieser neoklassischen Theoriewelt und ihrer Kosten-Nutzen-Kalküle und Konkurrenz-Maximen lässt sich feststellen, dass sowohl existenzielle als auch wirtschaftliche Formen der Abhängigkeit die Autonomie eines Individuums einschränken und ihren Ausdruck „in der Unmöglichkeit [finden], die Sorgesituation aus existenziellen oder materiellen Gründen zu verlassen“.[66] Asymmetrien und Abhängigkeiten betreffen deswegen nicht allein die umsorgte Person, sondern auch die sorgende Person und den Haushaltsverband als Ganzen. Dies gilt zwar auch für spezifische Personengruppen, wie etwa Krankenpfleger*innen, die aufgrund eines vorherrschenden Berufsethos eine hohe Sorgemotivation aufweisen, aber auch für Frauen oder Ältere, die aufgrund von Pflichten, die moralisch, familiär oder ganz persönlich begründet werden, Sorgetätigkeiten übernehmen.

Sorgetätigkeiten weisen also, darauf haben feministische Ökonom*innen hingewiesen, neben einem instrumentellen Aspekt, womit konkrete Sorgehandlungen (Umbetten, Zuhören, Zuwenden, Anteil nehmen usw.) gemeint sind, auch einen kommunikativen Aspekt auf. Der kommunikative Aspekt ist entscheidend für die Motivation, zu sorgen, und kann nicht nur den mit der Sorge verbundenen Nutzen (Altruismus, auf Gegenseitigkeit abzielende Erwartungen usw.) erklärt werden. Sorgeleistungen erfolgen zu oft ohne Gegenleistung, es handelt sich um „Einwegtransfers", die nicht auf nutzenorientierten Formen der Motivation basieren, sondern auf sozialen Erfahrungen und dem Handlungsprinzip der Reziprozität.[67]

Asymmetrien und Abhängigkeiten liegen jedoch nicht nur mehr oder weniger rationale Abwägungen, sondern immer auch gesellschaftliche Macht- und Herrschaftsverhältnisse zugrunde, die sich in konkreten Situationen aktualisieren und Positionen des Angewiesenseins und der Verletzbarkeit begründen. Die gelebte Realität von Sorge steht also (neo-)klassischen Annahmen der Markt- und Gleichgewichtstheorie der Ökonomie grundsätzlich entgegen – denn diese gehen von vollständiger Autonomie aus (die nur durch unvollständige Information eingeschränkt werden könnte), von symmetrischen Positionen, wechselseitiger Unabhängigkeit und Tauschbeziehungen, die von Äquivalenz und individueller Nutzenmaximierung gekennzeichnet sind.

///

Ungeachtet der genannten Besonderheiten von Care-Beziehungen, die aus Erinnerungen, alltäglichen Erfahrungen und Gewissheiten sowie den Erkenntnissen der Feministischen Ökonomie bekannt und mittlerweile auch allgemein unhinterfragt sind, gilt der Haushalt in den Mainstream-Wirtschaftswissenschaften und in statistischen Erhebungen immer noch als „Black Box".[68] Dabei wird dieser Haushalt zwar implizit als eine Wirtschaftsgemeinschaft mit einheitlicher Nutzenfunktion und gemeinsamer Präferenzordnung sowie Budgetrestriktion von in Beziehung stehenden Frauen und Männern (und Kindern) angenommen,[69] aber „bestimmte Formen von Arbeit, insbesondere Frauenarbeit, und geschlechtsspezifische Ungleichheiten [...] verschwinden unerkannt"[70], und darüber hinaus werden andere ökonomische Prozesse wie Arbeitskräfteangebot und Humankapitalbildung beeinflusst.[71] Der Haushalt ist in Theorie wie Praxis – aus unterschiedlichen Gründen – immer noch ein „geschlechtsspezifisch strukturierter und heteronormativ konstruierter Raum".[72]

Relationen

Die Revolutionärin und Ökonomin Rosa Luxemburg hat in *Die Akkumulation des Kapitals*[73] die These entwickelt, dass dieser Raum, dieses nicht-kapitalistische Umfeld für die Funktionsweise und Reproduktion des Kapitalismus entscheidend sei – eine These, die für die Genese gegenwärtiger Feministischer Ökonomie von wesentlicher Bedeutung und empirisch bestätigt ist.[74] Ökonomische Analysen der Reproduktionsarbeit zeigen, dass dieser nicht-kapitalistische „Unterbau" die – von Krisen und Konjunkturschwankungen unabhängigen – sozialen und wirtschaftlichen Voraussetzungen für Produktion, Erwerbsarbeit und das kapitalistische Akkumulationsmodell schafft.

Der Care-Sektor ist, gemessen am Ausmaß an bezahlten und unbezahlten Arbeitsstunden, überhaupt der allergrößte Wirtschaftssektor.[75] So werden im Sektor Akkumulationswirtschaft 29 Prozent und im Sektor der öffentlichen Verwaltung drei Prozent der gesamten Arbeitsstunden geleistet, im gesamten Care-Sektor (Hausarbeit, personenbezogene Dienstleistungen, Gesundheit und Erziehung, Hausarbeit, Kinderbetreuung und Pflege) hingegen 67 Prozent.[76] Es werden aktuell schon neue digitale Technologien im Care-Sektor eingesetzt, etwa Apps zur Dokumentation und Teamkoordination. Effizienzsteigerungen oder gar zusätzliche Produktivitätsgewinne sind im Care-Sektor aufgrund der

Arbeitsintensität und Unmittelbarkeit der Leistungen weitaus geringer als im industriellen Produktions- sowie im stationären Dienstleistungsbereich. Das bedeutet nicht zuletzt, dass die „arbeitsintensive" Care-Arbeit im Vergleich mit anderen Berufen und Branchen – vor allem solchen, die sich durch den Einsatz von Digitalisierung, Industrie 4.0-Anwendungen und Automatisierung effizienter gestalten lassen – immer kostenintensiver wird. Die derart „auseinanderdriftenden Produktivitäten"[77] sind auch aufgrund der disruptiven technologischen und demografischen Entwicklung aus einer feministisch-ökonomischen Sicht interessant, und Diskussionen um deren Finanzierung und Gestaltung werden gesellschaftlich künftig immer mehr Gewicht bekommen.[78]

Zusätzlich ist zu bedenken, dass eine eigenständige Existenzsicherung durch Erwerbsarbeit für viele Frauen nach wie vor nicht möglich ist: aufgrund von geschlechtsspezifischer Einkommensungleichheit, aufgrund der selbstverständlichen Zuweisung von Betreuungs- und Erziehungspflichten, Haus- und Sorgearbeit sowie aufgrund mangelnder sozialer Absicherung. Das ganze Ausmaß von materiellen Abhängigkeiten innerhalb von Haushalten hat die Corona-Krise nur noch deutlicher gemacht. Diesen Mechanismus kann man vor, verstärkt während und auch nach (Wirtschafts-)Krisen beobachten.[79] Die reale Armutsbetroffenheit von Frauen wird insofern systematisch verdeckt und die soziale und Geschlechter-Ungleichheit daher in sozial- und verteilungspolitischen Auseinandersetzungen wie auch in der gesellschaftlichen Wahrnehmung unterschätzt.[80]

Daher rühren mitunter auch die die geschlechtsspezifischen Ein- und Ausschlüsse in das und aus dem Sozialsystem, deren Beseitigung notwendig wäre, um weibliche Armut zu bekämpfen. Die wohlfahrtsstaatliche Sozialpolitik österreichischer Prägung basiert auf „einem doppelten strukturellen Ausschluss“[81]: Zum einen bauen sozial- und pensionsversicherungsrechtliche Ansprüche auf dem Erwerbsarbeitsmarkt-Status (also etwa als Arbeiter*in oder Angestellte*r) auf, Dauer und Höhe des Erwerbs bemessen sich nach wie vor entlang der männlichen „Normalbiografie“, zum anderen reichen die Einschlüsse etwa über die Ehe – in Form von vom Ehemann abgeleiteten Leistungen und Ansprüchen wie Mitversicherung, Unterhalt, Pensionsersatzzeiten oder Witwenpension – nicht aus, um eine eigenständige Existenz zu sichern.[82] Die Ökonomin Christa Schlager kommt daher zu folgendem Schluss:

„Die strukturellen Ausschlüsse im Sozialsystem wirken armutsfördernd, die Einschlüsse zwar armutsmindernd, sie sind aber nicht auf Existenzsicherung angelegt. Da das Sozialversicherungssystem sich am Normalarbeitsverhältnis orientiert, entsteht eine höhere Armutsgefährdung für Frauen. Erst, wenn Frauenbiographien als Norm akzeptiert werden, und damit individuelle, nicht abgeleitete Ansprüche in der Sozialpolitik zum Tragen kommen, wird das überdurchschnittliche Armutsrisiko von Frauen sinken. [...] Das Sichtbarmachen und die Anerkennung von Versorgungsarbeit durch die Gesellschaft ist eine notwendige Voraussetzung dafür, dass Frauen, aufgrund ihrer sozialen Rollen und Aufgaben, die sie übernommen haben, nicht sozialer Ungleichheit und erhöhtem Armutsrisiko ausgesetzt bleiben. Weibliche Lebensverläufe sollten genauso ‚normal' angesehen werden und damit im Zentrum der Überlegungen zu wirtschafts- und sozialpolitischen Maßnahmen stehen."[83]

Dem ist nicht viel hinzuzufügen. Wo Sorge ist, wird schließlich Ökonomie erst ermöglicht, sie hat einen besonderen Wert. Über die wirtschaftliche Bedeutung des Care-Sektors müsste viel intensiver aufgeklärt und diskutiert werden; auch müsste er statistisch als in besonderer Weise Wert generierend erfasst und ein Thema der Sozial- und Wirtschaftspolitik werden.[84] Die Förderung öffentlicher Sorgestrukturen ist der Subventionierung individualisierter Sorgedienstleistungen auf Ebene privater Haushalte dabei vorzuziehen.[85] Damit ist nicht nur die arbeits- und sozialrechtliche Absicherung und Besserstellung von Sorgenden gemeint, sondern auch die gesamtgesellschaftliche Verantwortung für gute Sorge und die Institutionalisierung von „Ökologien der Sorge".[86] In einer solchen *Ökonomie der Sorge*, der sozialen Reproduktion und nachhaltigen Produktion, würde sich unser Begriff von Wohlstand notwendigerweise weiten, vertiefen. Er wäre fundamentaler – an Bedürfnissen und Wünschen, dem Reichtum und der Diversität von Beziehungen ausgerichtet.

Die zentralen Linien einer Transformation zu einer an nicht nur fundamentaler, sondern guter Versorgung und Sorgelogiken ausgerichteten Ökonomie wurden von einer Gruppe kanadischer Wirtschaftswissenschaftle-r*innen erst unlängst programmatisch und punktiert aufgearbeitet.[87] Die darin enthaltenen Prinzipien zur Gestaltung von zukünftigen staatlichen Budgets und Politiken seien hier abschließend im Originalwortlaut angeführt:

1. Care, both paid and unpaid, is a fundamental component of our basic infrastructure. Paid care in health and education alone is a key engine of the economy, generating at least 12% of GDP and 21% of jobs. A well-functioning care economy is key to the functioning of all the other parts of the economy.
   (Sorge, sowohl bezahlte als auch unbezahlte, ist ein grundlegender Bestandteil unserer Basisinfrastruktur. Allein die bezahlte Sorge im Gesundheits- und Bildungswesen ist ein wichtiger Motor der Wirtschaft, der mindestens zwölf Prozent des BIP und 21 Prozent

der Arbeitsplätze generiert. Eine gut funktionierende *Ökonomie der Sorge* ist der Schlüssel für das Funktionieren aller anderen Teile der Wirtschaft.)

2. A care economy includes those who need and those who provide care, both paid and unpaid, and recognizes that our care needs and care provision vary throughout life.
(Eine *Ökonomie der Sorge* umfasst diejenigen, die Sorge benötigen und diejenigen, die Sorge anbieten, sowohl bezahlt als auch unbezahlt, und erkennt an, dass unsere Sorge-Bedürfnisse und die Sorge-Leistungen im Laufe des Lebens variieren.)

3. Care is skilled work that requires ongoing skills development, appropriate compensation, and adequate supports. The conditions of work are the conditions of care.
(Sorgearbeit ist qualifizierte Arbeit, die eine kontinuierliche Entwicklung der Fähigkeiten, eine angemessene Bezahlung und angemessene Unterstützung erfordert. Die Bedingungen der Arbeit sind die Bedingungen der Sorge.)

4. A care economy includes the entire range of health and education services, including child- and eldercare. It also includes other social infrastructure such

as employment insurance, labour standards and their enforcement, immigration policies, and paid sick leave.
(Eine *Ökonomie der Sorge* umfasst das gesamte Spektrum an Gesundheits- und Bildungsdienstleistungen, einschließlich der Betreuung von Kindern und älteren Menschen. Sie umfasst auch andere soziale Infrastrukturen wie Sozialversicherung, Arbeitsstandards und deren Durchsetzung, Migrationspolitik und bezahlte Krankheitstage.)

5. A care economy requires public investment in public services to ensure equitable access to quality care. Public spending on social infrastructure is as critically important as building and maintaining our physical infrastructure.
(Eine *Ökonomie der Sorge* erfordert öffentliche Investitionen in öffentliche Dienstleistungen, um einen angemessenen Zugang zu hochwertigen Sorge-Leistungen sicherzustellen. Öffentliche Ausgaben für die soziale Infrastruktur sind genauso wichtig wie der Bau und die Instandhaltung unserer physischen Infrastruktur.)

6. A care economy promotes inclusion when its design is rooted in a feminist, intersectional, anti-colonial, and anti-racist approach.

(Eine *Ökonomie der Sorge* fördert Inklusion, wenn ihre Ausgestaltung in einem feministischen, intersektionalen, antikolonialen und antirassistischen Ansatz verwurzelt ist.)

Aufteilung

Die meisten Care-Aktivitäten spielen sich jenseits der Sphäre des Markts ab. Dazu gehören insbesondere „die Arbeit des Gebärens und der Sozialisation des Nachwuchses ebenso wie die Altenpflege, Haushaltsführung und Gemeinschaftsbildung und die Bewahrung der gemeinsamen Sinngehalte, der affektiven Disposition und Werthorizonte, die aller sozialen Kooperation zugrunde liegt.“[88]

Nancy Fraser charakterisiert die kapitalistische Ökonomie als „Trittbrettfahrerin“[89], die sich auf reproduktive beziehungsweise versorgungsökonomische Aktivitäten zur Herstellung von sozialen und emotionalen Beziehungen verlässt. Dazu kommen eine Reihe an regenerativen Bedingungen für die Subjektivierung und

Sozialisierung von menschlichen Wesen mit spezifischem Ethos, und dabei wird diesen weder monetärer Wert noch Sichtbarkeit oder gesellschaftlicher Anerkennung beigemessen. Einige damit verbundene Entwicklungen wurden hier schon aufgezeigt. Eine Reihe von gesellschaftlichen Bereichen soll im Folgenden noch eingehender sozioökonomisch durchleuchtet werden, um einige aktuelle Felder und Herausforderungen einer Integration von Gerechtigkeit und Care zu veranschaulichen und zu verdeutlichen.

///

Durch die Sammlung von Daten und deren Auswertung im Rahmen des Sondermoduls der Gemeinschaftsstatistik über Einkommen und Lebensbedingungen[90] standen im Jahr 2010 erstmals Informationen über die Entscheidungsfindung und Intrahaushaltsverteilung von Einkommen und Ressourcen für Österreich zur Verfügung. Katharina Mader, Alyssa Schneebaum, Magdalena Skina-Tabue und Ursula Till-Tentschert[91] haben auf Basis dieser Datengrundlage, die als repräsentative Erhebung gilt, analysiert, wie sich innerhalb von Partner*innenschaften Aushandlungsprozesse gestalten und welche Faktoren dabei eine Rolle spielen. Die in der Erhebung und Abbildung getroffene statistische Annahme, dass Haushaltsmitglieder Einkommen und

Ressourcen teilen und von im Haushalt vorhandenen Einkommen und Ressourcen gleichmäßig profitieren, ist aus feministischer Perspektive theoretisch wie empirisch zu hinterfragen und zurückzuweisen.[92] Sie steht im Widerspruch zu Ungleichheit und gesellschaftlichem Sexismus, der die Annahme eines geschlechterneutralen Status quo abwegig erscheinen lässt. Fragwürdig ist auch, dass der Forschungsfokus in der Erhebung auf die Person gelegt wird, die Entscheidungen trifft, und nicht auf den Entscheidungsprozess, außerdem werden nicht-heterosexuelle Paarhaushalte und damit durchaus auch demografisch relevante Lebensweisen ausgeblendet.[93] Die Zahlen und Ableitungen sind daher bestenfalls als Annäherungen an die gesellschaftliche Realität zu verstehen. Dennoch ist es gerade aus feministischer Perspektive überaus interessant, einige, wenn auch beschränkte Einblicke in die „Black Box" Haushalt zu bekommen.

Spannend ist zunächst, dass 57 Prozent der Befragten angaben, Entscheidungen gemeinsam zu treffen. Das entspricht nicht zuletzt aufgrund der „rhetorischen Modernisierung" des Geschlechterverhältnisses[94] der allgemeinen gesellschaftlichen Erwartung, worauf auch Mader et al. hinweisen und zu bedenken geben, dass Entscheidungsfindung etwas grundsätzlich Konstruiertes, von sozialen Normen Abhängiges oder aber Ausdruck von Spontanität ist – und weniger ein Ergebnis bewusster Aushandlungsprozesse.[95] Bei den übrigen Paaren besteht Uneinigkeit oder Unvermögen, Entscheidungen gemeinsam zu treffen.

Bezieht man den sozioökonomischen Status in die Betrachtung mit ein, fällt auf, dass nicht erwerbstätige Personen, die entweder in Ausbildung oder haushaltsführend sind, mit 20 beziehungsweise sogar nur 15 Prozent am seltensten über das Einkommen des*der Partner*in informiert sind. Im Hinblick auf die Verfügungsmacht fällt wiederum auf, dass Paarhaushalte mit niedrigem Einkommen am ehesten gemeinsam das Haushaltseinkommen verwalten (78 Prozent), Paarhaushalte mit den höchsten Einkommen am häufigsten getrennt (32 Prozent).[96] Zwischen der Höhe des Erwerbseinkommens und der Entscheidungsmacht besteht jedoch keine klare Korrelation, viel eher besteht eine geschlechtsspezifische Strukturierung: Frauen, die besser als ihre Partner*innen verdienen, haben nicht entsprechend mehr finanzielle Entscheidungsmacht.[97] Sind Frauen jedoch die Hauptverdienerinnen eines Haushalts, werden Entscheidungen fast zur Hälfte[98] gemeinsam getroffen; in den Fällen, in denen Frauen die Alleinverdienerinnen sind, werden sogar die allermeisten Entscheidungen „demokratisch“ getroffen, nämlich 74 Prozent der allgemeinen Entscheidungen und 95 Prozent der speziellen Entscheidungen über Kreditaufnahmen und Ratenzahlungen.[99]

All dies bestätigt die theoretische Annahme, dass Frauen dazu tendieren, zugunsten der Haushaltsgemeinschaft eher Abstriche zu machen, „ihre Interessen und Bedürfnisse im Entscheidungsprozess zugunsten des Interesses der Familie als Ganzes, vor allem aber der Kinder, hintanzustellen."[100] Es kann demnach von einer Korrelation zwischen Geschlecht und Entscheidungsmacht ausgegangen werden.[101]

Kommen Kinder in einen Haushalt, ändern sich die Entscheidungsmuster noch einmal signifikant.

Ein Vergleich von Paaren mit und ohne Kinder zeigt, dass auch in „rhetorisch modernisierten" Beziehungsarrangements die Notwendigkeit von Kindererziehung und deren Pflege und Betreuung eher latent bestehende traditionelle Geschlechterverhältnisse zur Geltung bringt. Paare mit Kindern (und verheiratete Paare) treffen ihre Entscheidungen wesentlich häufiger gemeinsam als kinderlose (und unverheiratete), wobei die Regel von der geschlechtstraditionellen Ausnahme bestätigt wird, dass im Gegensatz zu Kaufentscheidungen etwa über teure Konsumgüter von 84 Prozent der (unverheirateten) Paare mit Kindern (im Gegensatz zu 78 Prozent der unverheirateten kinderlosen Paare) gemeinsam getroffen werden – ist ein Paar jedoch verheiratet und hat Kinder, werden mit 36 Prozent Entscheidungen über tägliche Einkäufe am seltensten gemeinsam getroffen, und 39 Prozent der Entscheidungen sogar alleine von

Frauen; ähnlich verhält es sich mit Ausgaben für Kinder.[102] Das spiegelt die geschlechtsspezifische, stereotype Zuweisung von Haus- und Sorgearbeit und Verantwortung auf Haushaltsebene wider.

Die Aufgliederung der Beschäftigungsstruktur von Frauen und Männern, Paarhaushalten mit und ohne Kinder, in Normalarbeitsverhältnisse (Vollzeitbeschäftigung) und atypische Beschäftigungsformen zeigt die Verschiedenheit der Müttern und Vätern zugewiesenen Arbeit. Die Verteilung von Erwerbsarbeit entspricht aber auch unabhängig von Kindern traditionellen Rollen- und Familienvorstellungen: bei immerhin 43 Prozent aller Paare mit und ohne Kinder verfügt der Mann über ein Normalarbeitsverhältnis und die Frau ist „ausschließlich Teilzeit" beschäftigt, das heißt im statistischen Sinne, dass eine Person mindestens zwölf Stunden in der Woche erwerbstätig ist; 35 Prozent der Paarhaushalte zeigen beide Partner*innen in einem Normalarbeitsverhältnis.[103] Zehn Prozent der Partner*innenhaushalte zeigen den Mann auf Vollzeitbasis und die Frau atypisch beschäftigt, das heißt, geringfügig (unter zwölf Stunden), in Leih- und Teilzeitarbeitsverhältnissen, befristet oder in freien Dienstverhältnissen.[104]

Nur bei einem von hundert Paaren (!) arbeitet die Frau in einem Normalarbeitsverhältnis und der Mann in einer atypischen Beschäftigungsform; dies gilt auch, wenn beide Partner*innen teilzeitbeschäftigt sind.[105]

Leben zusätzlich Kinder im gemeinsamen Haushalt, verschärft sich die geschlechtstraditionelle Verteilung der Erwerbsarbeit und unbezahlten Arbeit merklich. In etwas mehr als der Hälfte aller Paarhaushalte ohne Kinder sind beide Partner*innen vollzeitbeschäftigt; in Paarhaushalten mit Kindern gilt dies nur mehr für genau ein Viertel der Partner*innen.[106] Die dominante Kombination bei Paaren mit Kindern im Haushalt heißt: Der Mann ist voll- und die Frau teilzeitbeschäftigt – in Paarhaushalten ohne Kinder ist diese Kombination nur in einem knappen Viertel vorzufinden.[107]

Nicht zu unterschätzen ist in diesem Zusammenhang auch die Bedeutung der Anzahl der Kinder auf das zu leistende haushaltsbezogene Arbeitspensum. Je mehr Kinder – je größer also die soziale Struktur eines Haushalts ist –, desto mehr Haus- und Sorgearbeit fällt auch an. In weiterer Folge bedeutet dies, dass Kinder, insbesondere kleine Kinder (im Alter von null bis drei Jahren) einen Anstieg der Hausarbeit verursachen, dieser Anstieg allerdings – zumindest statistisch gesehen – ganz überwiegend von Frauen getragen wird.[108]

Väter und Mütter

Die Pensionsdifferenz zwischen Frauen und Männern hat 2020 in Österreich 56 Prozent ausgemacht. In Zahlen bedeutet das eine durchschnittliche Männerpension von 2588,77 Euro und eine durchschnittliche Frauenpension von 1457,35 Euro.[109] Damit ist der sogenannte Gender Pension Gap im Vergleich zum Vorjahr wieder größer geworden. Dies liegt vor allem daran, dass die Pensionen der Männer stärker gestiegen sind als die der Frauen.[110] 2000 wurde die „Hacklerregelung" eingeführt, 2021 ist sie ausgelaufen (und 2022 werden wieder Abschläge eingeführt). „Hackler", das sind *de facto* ausschließlich Männer, die aufgrund der Regelung nach 45 Beitragsjahren mit 62 Jahren ohne Abschläge in Pension gehen können. Sie wurde von 11.060 Männern und drei Frauen in Anspruch genommen.[111] Vor allem natürlich, weil das Regelpensionsalter für Frauen niedriger ist, es liegt aktuell noch bei 60 Jahren und wird erst ab 2024 bis 2033 an das der Männer (65) angeglichen. Aber auch, weil die Hacklerregelung nicht für Frauenerwerbsbiografien konzipiert wurde, die durch andere und auch mehrfache, aber eben *andere* Belastungen und Unterbrechungen gekennzeichnet sind.

Bereits 1990 hat der österreichische Verfassungsgerichtshof (VfGH) in der Entscheidung G 223/88 u.a. die Verfassungswidrigkeit eines nach Geschlecht differenzierenden unterschiedlichen Pensionsantrittsalters festgestellt. Der Gesetzgeber hat mit einem Bundesverfassungsgesetz („BVG-Altersgrenzen"[112]) reagiert und entzog dadurch die vom VfGH festgestellte Diskriminierung einer verfassungsrechtlichen Kontrolle. Nach diesem Bundesverfassungsgesetz sind unterschiedliche Altersgrenzen von männlichen und weiblichen Versicherten zulässig, wie auch die Angleichung des niedrigeren Regelpensionsantrittsalters von Frauen an jenes der Männer erst ab 2024. Gesetzgeberisches Ziel dieser schrittweisen Angleichung von 2024 bis 2033 war laut Gesetzesmaterialien die Aufrechterhaltung des niedrigeren Regelpensionsalters für Frauen, solange dies aufgrund der „gesellschaftlichen, familiären und ökonomischen Benachteiligung", wie es in der Entscheidung heißt, erforderlich sei. Das Regelpensionsalter wird demnach jedoch aller Voraussicht nach angepasst werden, obwohl die geschlechtsspezifische Pensionslücke wieder im Steigen begriffen ist. Das ist kein Anzeichen dafür, dass die „gesellschaftlichen, familiären und ökonomischen Benachteiligungen" nachgelassen hätten oder geringer geworden wären. Eine aktuelle Studie zeigt, dass weniger als die Hälfte der Frauen von der Erwerbsarbeit direkt in die Pension wechselt. Ihre realen Beschäftigungs- beziehungsweise Wiederbeschäftigungschancen sind aufgrund von Altersdiskriminierung, gesundheitlichen und und familiären Belastungen real beschränkt.[113]

Die Männer erzielten 61,1 Prozent der Bruttobezüge und trugen 69,5 Prozent zum Lohnsteueraufkommen bei.[114] Frauen erzielten damit 38,9 Prozent. Rufen wir uns in Erinnerung: Der Care-Sektor ist der größte Wirtschaftssektor überhaupt, in ihm werden zwei Drittel aller (bezahlten und unbezahlten) Arbeitsleistungen erbracht. Im mittlerweile „modernisierten Ernährermodell"[115] ist eine hohe Frauenerwerbstätigkeit durch Erwerbsunterbrechungen, Teilzeit, Diskriminierung bei Lohn und Gehalt sowie Doppel- oder Mehrfachbelastung die Norm; die Markteinkommen von Frauen sind wesentlich niedriger als die der Männer, ihre Sozialversicherungsleistungen sind entsprechend geringer und der konservative österreichische Wohlfahrtsstaat gleicht diese geschlechtsspezifische

Benachteiligung (durch Transferleistungen und soziale Dienste) auch nicht aus. Frauenarbeit ist nicht als gleichwertig anerkannt, Frauen sind als Gruppe auch im 21. Jahrhundert ökonomisch nicht unabhängig.[116] Mit dem durch Corona bedingten Wegfall vieler öffentlicher Betreuungsmöglichkeiten hat eine Verdichtung von Versorgungsarbeit und Mehrfachbelastungen stattgefunden, deren längerfristige Ausmaße noch gar nicht abzuschätzen sind.

Doch weder im Pensions- noch in den Lohn- und Sozialsystemen kann diese Lücke wirksam geschlossen werden. Sie liegt in der geschlechtsspezifisch ungleichen Bewertung von bezahlter, vielmehr jedoch noch in der ungleichen Verteilung von unbezahlter Arbeit. Sie findet insofern Niederschlag in den Systemen, als diese von einer jeweils individuellen Erwerbsbiografie ausgehen, die von Care-Pflichten nicht berührt ist, sich also an einer männlichen Norm orientieren.

„Wenn Dittchen abends nach der Arbeit
heimkam – das kommt davon, daß ich mich
ihnen in den ersten Ehejahren freiwillig
gewidmet habe, murrte er, durfte Dittchen
nichts als Vater sein.“[117]
– *Gisela Elsner*

Nichts als Vater sein. Nichts als Mutter sein. Was bedeutet es heute, in Österreich, Vater zu sein, Mutter zu sein – nichts anderes, nur das?[118]

Polarisierungen

Während Väter als „Helden" gelten und von einer (kurzen) Karenz profitieren, erleiden Mütter dramatische Einkommenseinbußen. Auf Müttern lastet ein gesellschaftlicher Druck; dieser überträgt sich nicht unmittelbar auf Väter, die in Karenz gehen. Dafür sorgen dominante Geschlechtervorstellungen und ein Wirtschaftssystem, das darauf aufbaut, dass Frauen, insbesondere als Mütter, unbezahlt arbeiten. Seit der Romantik wird von Frauen erwartet, aus Liebe zum Kind zu handeln. Irrational, gefühlsgetrieben. Männer treten dagegen in die Vaterrolle ein. Rational, bewusst kalkulierend. So weit die Klischees. Die staatliche Politik unterstützt diesen Doppelstandard, indem sie Mütter in „Schutz" (und Verantwortung) nimmt. Einen „Vaterschutz" gibt es hingegen nicht.[119]

Auch die Zahl der Väter, die in Karenz gehen, bleibt unverändert niedrig. Die gesetzliche Möglichkeit für Väter, in Karenz zu gehen, wird selten genutzt. Neuerdings war die Prozentzahl der Väter, die Kinderbetreuungsgeld beziehen, sogar rückläufig: von 4,2 Prozent im Dezember 2016 auf 3,8 Prozent im Dezember 2017.

In absoluten Zahlen entspricht das 119.476 Frauen und 4773 Männern, die Ende 2017 in Karenz waren.[120]

Initiativen zur besseren Vereinbarkeit von Beruf und Familie, vor allem auch für Väter, sind politisch in aller Munde. Vereinbarkeit ist ein geflügeltes Wort, die Logik der Vereinbarkeit passt sich in neoliberale Flexibilisierungsnarrative ein. Hinter diesen Erzählungen von größer werdenden Handlungsspielräumen bleiben die ungleiche Verteilung von Erwerbs- und Reproduktionsarbeit beziehungsweise bestehende Macht- und Herrschaftsverhältnisse unangetastet.

Die seltene Inanspruchnahme von Karenz und die Fokussierung der Politik auf den sogenannten Papamonat sind vielmehr Symptome einer Gesellschaft, die grundlegend durch Geschlechterungleichheit bestimmt ist – und eines Ungleichgewichts in der Verteilung von Sorgearbeit. Ein kurze „Auszeit" vom Beruf in Form einer Karenz wird immer „cooler"; die Protagonisten gelten als männliche „role models". Der „coole" Papamonat steht den vielen Mamajahren gegenüber, die von Frauen ganz selbstverständlich erwartet und geleistet werden, aus einem Gefühl der „Mutterliebe"; wie die Philosophin Élisabeth Badinter jedoch feststellt, handelt es sich dabei nicht um einen „weiblichen Instinkt", sondern um einen Mythos, der ebenso weit verbreitet ist wie die gesellschaftliche Verherrlichung des Stillens.[121]

Die Konstruktion der Mutterliebe und die Verherrlichung des Stillens hatten spätestens seit Ende des 19. Jahrhunderts bevölkerungspolitische Gründe: wirtschaftliches Wachstum und militärische Sicherung des modernen Staates setzten eine zunehmende Bevölkerungsentwicklung voraus. Die fürsorgliche Mutter wurde zu einer symbolischen Autorität stilisiert, verantwortlich für das Wohl des Kindes und des Landes. Der gesellschaftliche Druck auf Frauen in ihrer Rolle als Mütter stieg, ebenso Angstgefühle und Schuldzuweisungen.

Spaltungen

Medial vermittelte Erzählungen von Frauen, die Kind und Karriere vereinbaren, sind mittlerweile Legion. Es sind dennoch Konstruktionen. Die Integration von Frauen in den Arbeitsmarkt erfolgt überwiegend auf prekärer oder informeller Basis; dies stellt sicher, dass Frauen daneben in privaten Haushalten unbezahlt tätig sein können. Doch auch hier gibt es Differenzen zwischen Frauen: Die Ausgangsbedingungen von armutsbetroffenen Frauen und Migrantinnen of Colour waren und sind wesentlich schlechter. Die Formen der Diskriminierung und Illegalisierung am Arbeitsmarkt, die sie erfahren, führen zu einem Zwang, schnell und unter erschwerten, nicht nur prekären, sondern geradezu missbräuchlichen Umständen wieder arbeiten zu gehen – und damit häufig zur Totalerschöpfung. Das heißt: Zur Lösung von Vereinbarkeitsproblemen und zur Beseitigung von Geschlechterungleichheiten müssen auch mit diesen konvergierende rassistische Strukturen der Benachteiligung mitgedacht und beseitigt werden.

Der Arbeitsmarkt ist geschlechtlich gespalten. Neben dem männlich dominierten Kernarbeitsmarkt existiert ein nicht zufällig als „Mommy Track“[122] bezeichneter, atypischer Arbeitsmarkt. In Letzterem sind geringfügige (Frauenanteil: ~ 75 Prozent), teilzeitbasierte und befristete Beschäftigungen (Frauenanteil: ~ 85 Prozent), legalisierte Scheinselbstständigkeiten (wie das Gewerbe der Personenbetreuung), eine hohe Fluktuation, Arbeitsplatzunsicherheit, schlechte Bezahlung und geringe Karriereaussichten die Norm.[123]

Eine Studie von 2019 weist nach, dass das Einkommensniveau von Frauen in Österreich zehn Jahre nach der Geburt des ersten Kindes durchschnittlich 51 Prozent unter dem Einkommensniveau des Jahres vor der Geburt liegt; in Deutschland beträgt diese Differenz sogar 61 Prozent. Väter erleiden hingegen gar keine Einkommensverluste.[124] In skandinavischen Ländern wie Schweden oder Dänemark liegt der Einkommensverlust von Frauen hingegen „nur“ bei 27 beziehungsweise 21 Prozent.

Die Ursachen dieser Einkommensverluste sind vielschichtig. Der größte Teil ist jedenfalls auf die Reduktion der Arbeitszeit von Müttern zurückführbar, denn die meisten Frauen kehren entweder auf Teilzeitbasis oder gar nicht in ihre Jobs zurück. 2018 arbeiteten 45,5 Prozent der Frauen (und 11,2 Prozent der Männer) in Österreich Teilzeit.[125]

Die genannte Studie zeigt auch, dass die Aufstiegschancen von Frauen nach einer Geburt sinken; unklar ist, warum. Es liegt nahe, dass Frauen, die Mütter sind, weniger berufliche Ambitionen zugesprochen werden. Überraschend ist durchaus, dass es entgegen bisheriger Annahmen keinen nennenswerten Unterschied macht, wie kurz oder lang nach der Geburt Frauen wieder in den Beruf einsteigen. Auch habe der Grad des Ausbaus der Kinderbetreuungseinrichtungen keinen Einfluss auf die Einkommenssituation. Der Wirtschaftsforscher Josef Zweimüller, der an der Studie beteiligt war, macht die „traditionelle Rollenaufteilung", die Zuweisung von bezahlten und unbezahlten Tätigkeiten und Geschlechterbildern für die ökonomische Benachteiligung von Müttern verantwortlich.[126]

Die Folgen dieser Einkommensverluste sind hingegen klar: mit Karenzzeiten verbundene Einkommensverluste und andere Ereignisse in Frauenbiografien sorgen dafür, dass nur zwei (!) Prozent der Frauen überhaupt 45 Versicherungsjahre ansammeln können, während dies immerhin 50 Prozent der Männer schaffen.[127] Diese Umstände machen soziale Sicherheit unwahrscheinlich und fördern Altersarmut.

Hierarchien

Doch nicht nur unzureichende institutionelle Rahmenbedingungen machen es schwer, die Anzahl von Vätern in Karenz zu steigern. Auch klischeehafte Männlichkeitsbilder verunmöglichen es geradezu, ein anderes, sorgendes Vaterbild in der Öffentlichkeit zu etablieren. Die zwei kanadischen Soziologinnen Glenda Wall und Stephanie Arnold haben genau das in ihrer Studie[128] zur Darstellung von Vaterschaftskultur in Zeitungsberichten herausgefunden: Vatersein ist nur mit der expliziten und gleichzeitigen Betonung von Männlichkeit akzeptabel – diese „männliche" Identität wird nicht angegriffen; der Vater unterstützt, wenn er das möchte, doch die Hauptlast der Care-Arbeit bleibt bei den Frauen.

Solange Frauen nicht als Menschen, sondern vorrangig als potenzielle Mütter wahrgenommen werden und Weiblichkeit mit Sorge, Emotionalität und Körperlichkeit verknüpft bleibt, wird es als „normal" und „natürlich" gelten, dass Frauen, die Mütter werden, ausschließlich das sein sollen: fürsorgliche, liebende Mütter, die stillen und sich aufopfern. Und solange wird auch die geschlechtsspezifische Arbeitsteilung fortdauern, werden familiäre Rollen naturalisiert und hierarchisch verteilt werden; werden Frauen auf dem Arbeitsmarkt marginalisiert und ökonomisch abgehängt bleiben; wird die gesellschaftliche Arbeit, die sie erbringen, unsichtbar und unbezahlt bleiben; wird Weiblichkeit mit Mütterlichkeit verknüpft und vertauscht werden. Solange wird es „gute" und „schlechte" Mütter geben. Solange Männer als Norm wahrgenommen werden und Männlichkeit mit Härte, Rationalität und Emotionslosigkeit verknüpft bleibt, wird es als „außergewöhnlich" und „nicht selbstverständlich" gelten, dass Männer, die Väter werden, für ein Kind sorgen, Gefühle entwickeln und und soziale Verantwortung übernehmen.

Krise

Die Zeitverwendungsstudie von 2008/2009 hat gezeigt, dass sich Männer zwar vermehrt an der Hausarbeit beteiligen, doch nur in geringem Ausmaß: In Österreich werden jährlich 9,7 Milliarden Stunden an unbezahlter Arbeit geleistet – davon zwei Drittel von Frauen.[129] Deutsche Studien zum Homeoffice haben aufgedeckt, dass sich an traditioneller Arbeitsteilung und Vorstellungen wenig ändert, wenn Väter zu Hause arbeiten.[130] Beziehungsweise herrscht die Wahrnehmung vor, dass sie dies nicht tun würden; die schon thematisierten Sorgeverhältnisse lassen diese stereotype Wahrnehmung als höchstwahrscheinlich zutreffend erscheinen. Von Frauen hingehen wird angenommen, dass sie im Homeoffice weniger produktiv seien, weil sie durch Kindererziehung und Haushaltsarbeit vereinnahmt würden. So wirken Stereotype: Sie referenzieren auf Differenzen im Realen, auf Ungleichheiten.

Die Folge dieser stereotypen Wahrnehmung wiederum ist, dass die strukturelle Benachteiligung von Frauen zunimmt: Sie werden als eingeschränkt wahrgenommen, ihnen entgehen gute Projekte und Gelegenheiten, bei Beförderungen werden Personen ohne Mehrfachbelastungen vorgezogen. Die sogenannte rhetorische Modernisierung hat viel am Sprechen über Geschlecht und Geschlechterrollen geändert, an der traditionellen Arbeitsteilung bisher allerdings wenig.[131]

Die Intensivierung und Extensivierung von durch Frauen geleisteter Care-Arbeit hat noch weiter zugenommen. Gerade bei Alleinerziehenden und Frauen in Hetero-Paarhaushalten mit Kindern hat das Ausmaß unbezahlter Arbeit zugenommen,[132] ihr Gesundheitszustand hat sich verschlechtert.[133] Gesundheitlich gefährdet sind auch diejenigen, die in den bezahlten Care-Bereichen tätig sind, im Einzelhandel, in der Reinigungs- und Pflegebranche. Das sind Frauen und Migrant*innen. Ihre Arbeit ist unterbezahlt. Oder unbezahlt. Und doch ist ihre Arbeit von großem Wert: Sie stellt sicher, dass das Leben und die Gesellschaft bestehen und fortbestehen können. Sie sind unverzichtbar.

„In today's economy, men are lucky if they have a wife in their portfolio."[134]

– *Nancy Folbre*

Frauen fangen Krisen ab, nicht nur hat die von ihnen geleistete Arbeit – Care – die Funktion eines „sozialen Airbags", wie Christa Witerich es ausgedrückt hat,[135] auch finanzielle Kosten, andere Lasten und Zumutungen kommen – mit Verzögerung – bei ihnen an. Christa Schlager beschreibt diesen komplexen Vorgang in geraffter Form sehr treffend:

„Wenn nach einer Krise Sparpakete verordnet werden, trifft das Frauen mehrfach: Sie sind stärker auf die soziale Infrastruktur angewiesen als Männer und oft auch dort beschäftigt (als Pflegerinnen, Lehrerinnen usw.). Der Abbau staatlicher Leistungen (Kinderbetreuung, Kürzungen von Sozialleistungen usw.) muss im reproduktiven Sektor unbezahlt kompensiert werden. Gleichzeitig müssen Frauen zum Familieneinkommen beitragen, bei gegebenen Hierarchien am Arbeitsmarkt und steigender Arbeitslosigkeit. Damit werden die Kosten der Krise auf sie abgeladen. Sie haben eine soziale Airbag-Funktion, die verschwiegen wird. Es wird so getan, als ob diese enorme Kompensationsleistung immer möglich wäre und unbezahlte Arbeit eine unerschöpfliche Ressource sei."[136]

In zurückliegenden Krisenzeiten nahm Frauenerwerbstätigkeit zeitlich bedingt durchaus zu. Dieses Phänomen wird auch als „Added Worker Effect“ erklärt, nachdem weibliche Erwerbsbeteiligung verheirateter Frauen vor allem dann zunimmt, wenn deren Ehemänner ihren Job verlieren.[137] Der Added Worker Effect ist kein überhistorisches, universelles Phänomen; die Corona-Krise hat erst für eine gegenläufige Entwicklung gesorgt, nämlich dafür, dass Erwerbsarbeitslosigkeit bei Frauen stärker zunahm als bei Männern und bei Frauen auch nur langsamer wieder abnahm und abnimmt. In Österreich waren zeitweise 85 Prozent jener Menschen, die durch Corona ihren Job verloren haben, Frauen.[138] Und das, obwohl weibliche Erwerbsarbeitslosigkeit ohnehin schon systematisch unterschätzt wird: Frauen haben infolge von eingeschränkter Arbeitsmarktverfügbarkeit und feminisierter Atypisierung von Arbeit (fallweise, geringfügige und befristete Beschäftigung, Teilzeit, Neue Selbstständigkeit, Scheinselbstständigkeit usw.)[139] zu geringe Sozialversicherungszeiten, keinen oder nur einen geringen Anspruch auf Arbeitslosengeld und melden sich daher nicht selten gar nicht erst als arbeitslos. Davon abgesehen machen Frauen einen erheblichen Anteil der stillen Reserve am Arbeitsmarkt aus – also derjenigen Personen, die arbeitsfähig und -willig wären, aber nicht mehr aktiv nach Erwerbsarbeit suchen. Gerade diese Gruppen sind – neben den Steuerzahler*innen –

an der vordersten Front, wenn es darum geht, (Finanz-)krisen zu bewältigen, wie international vergleichende Studien belegen:

„Die am unmittelbarsten sichtbaren Kosten sind die der Steuerzahler*innen, die die Rettungsaktionen finanzieren, und die der Menschen, die ihren Arbeitsplatz verlieren. Aber, wie Irene van Staveren hervorhebt, wird die Last der exzessiven finanziellen Risikobereitschaft auch auf die Menschen, überwiegend Frauen, verlagert, die die unbezahlte Pflege leisten, die Familien und Gemeinschaften am Leben erhält. Besonders in Familien mit niedrigem und mittlerem Einkommen müssen Frauen mehr Zeit und Mühe aufwenden, um Marktgüter zu ersetzen, die sich ihre Familien nicht mehr leisten können, und um öffentliche Dienstleistungen zu ersetzen, die nicht mehr verfügbar sind. Darüber hinaus müssen Frauen mehr bezahlte Arbeit in informellen Beschäftigungsbereichen suchen, wo Neueinsteiger*innen, die ‚Notverkäufe' tätigen, tendenziell die Renditen drücken. Die Belastungen spiegeln sich also nicht vollständig in den BIP-Statistiken wider, sondern zeigen sich in zusätzlichem Stress, Müdigkeit und gesundheitlichen Beschwerden von Frauen, die oft länger und härter arbeiten."[140]

Diane Elson benennt diese Überwälzung als „Downloading the risks to the kitchen".[141] Über feministisch-ökonomische Erkenntnisse dieser und anderer Art herrscht (!) nach wie „strategisches Schweigen".[142] Das Vermeiden der Thematisierung dieser Zusammenhänge, die nicht nur die Bedeutung, sondern auch den Wert von Care-Arbeit überdeutlich machen, lässt auf institutionalisierte Intention und Ideologie schließen. Die „Gedanken der herrschenden Klasse" ...

///

Im Gegensatz zur Finanz- und Wirtschaftskrise 2007/2008 wird die ökonomische und gesellschaftliche Bedeutung von Sorge- und Versorgungsarbeit im Zuge der Corona-Krise unübersehbar, diese wird sogar als „systemrelevant" beziehungsweise „systemerhaltend"[143] hervorgehoben. Wir können nicht ohne sie leben beziehungsweise überleben, ganz zu schweigen vom *guten* Leben. Die „Ökonomie des Alltagslebens"[144] ist ein klingender Begriff dafür, dass es um nicht mehr und nicht weniger als um Nahrungsmittelversorgung und Ernährung, Wohnen, Bekleidung, Gesundheit, Pflege, Betreuung, Bildung, Müllabfuhr, Energie, Wasser, Wärme und Mobilität geht.

Doch nicht nur (Corona-)Pandemien, die mitunter durch Globalisierung, Übernutzung von Landschaften, Zerstörung natürlicher Barrieren und Lebensraumverlust für (überlebens- und anpassungsfähige) Arten begünstigt und ausgelöst werden, auch die starken Unwetter, die Überschwemmungen und Hochwasser, die Hitzewellen, Dürren und Waldbrände sind Vorboten klimatischer, krisenhafter Veränderungen.

///

Wer oder was wird – und auf wessen Kosten – gerettet, wer oder was wird nach der Corona-Krise – in der Klimakrise und im Klima- und Strukturwandel,[145] in dem sich nicht nur Industrien und Liefer-, sondern auch Sorgeketten[146] verändern werden – noch als „systemrelevant" beziehungsweise „systemerhaltend" gelten?

Sorgen macht der Umgang mit diesen Katastrophen, die zurückhaltende Debatte über Anpassungsmaßnahmen an das sich verändernde Klima und die ausbleibende Debatte über die diversen Bereiche des Zivilschutzes, etwa die Warnsysteme und den Hochwasserschutz, die Feuerwehr, den Gesundheitsschutz, aber auch den Arbeitsschutz, die weder personell noch finanziell ausreichend gerüstet sind. Hier fehlt es nicht nur an Kapazitäten, sondern an tragfähigen Konzepten. Wie und in welchem Ausmaß sollen Kurz- und Langzeitpflege (wo die Corona-Sterblichkeitsraten am höchsten waren), Sanitäts-, mobile Betreuungs- und Reinigungsdienste (die unter Pandemiebedingungen bekanntermaßen besonders gefordert und gefragt waren) ausgebaut werden, zumal diese als „arbeitsintensive" Arbeit immer teurer werden? Solche Arbeit lässt sich nicht automatisieren, flexibilisieren, sie stellt auch einen schwierigen und personen- beziehungsweise beziehungsspezifischen Aushandlungsprozess dar. Das Austauschmedium „menschliche Beziehung“ ist nicht radikal rationalisierbar, es entzieht sich auch dem verallgemeinerten Austauschmedium Geld. In der menschlichen Interaktion gelten (noch) die Austauschrelation „Zeit gegen Zeit“ und das Handeln auf Basis von Gegenseitigkeit und wechselseitiger Verbindlichkeiten, die sogenannte „Norm der Reziprozität“, obschon seit einiger und auf absehbare Zeit Versuche fortgesetzt werden, Personen und Beziehungen technisch zu substituieren.[147] Im Zuge der Finanz- und Wirtschaftskrise 2007/2008 war im Rahmen der Strukturanpassungs- und Sparprogramme zu beobachten, dass betriebswirtschaftliche Zeitvorgaben im Care-Bereich festlegen sollten, wie lange etwa Umbetten oder Zuwendung dauern dürfen. Durch die Reduktion von Sozialleistungen entsteht Druck auf die Mobilisierung von weitgehend unsichtbaren, informellen Zeitressourcen – so setzen Frauen „heute ihre Reste von Zeit ein, um zu Hause, in den Schulen, Vereinen, in Spitälern, Nachbarschaften, Ämtern und Kommunen jene Dienstleistungen zu erbringen, die als privat gelten“.[148] Das Corona-Virus ist auf Gesellschaften getroffen, in denen Austerität permanent wurde, Armutsgefährdung und materielle Deprivation zugenommen haben, auch Unterernährung und Abwanderung Qualifizierter und Talentierter waren zu beobachten. Suizid-, Säuglings- und Kindersterblichkeitsraten in den betroffenen Ländern, etwa Griechenland, Irland, Portugal, Rumänien, Spanien, Zypern und Italien stiegen an – Austerität tötet, das wurde früh nachgewiesen und mit Zahlen belegt.[149] Darunter sind einige Länder, in denen die Systeme der Daseins- und Grundversorgung längst entkernt waren, als sich das Virus in Europa verbreitete. Das soziale Leid, das Austeritätsmaßnahmen gebracht haben, ist in statistischen Abstraktionen nur schwer fassbar – der von Horkheimer und Adorno treffend als „Mythos der Zahl"[150] beschriebene empirische Schein der Objektivität lenkt von den Lebensverhältnissen ab. Das Nämliche gilt für die Corona-Zahlen.

„Industrie wächst kräftig:
Basis des Wohlstands"[151]
– *András Szigetvari*

Es mangelt an der öffentlichen Anerkennung von Sorge und entsprechenden Sorgestrukturen, die vor Lebensrisiken schützen. Diese wären ohne Zweifel wirtschaftlich sinnvoll, stimulierend, denn es ist bekannt, dass etwa jeder in Pflege und Betreuung investierte Euro einen – monetarisierten – Gegenwert von etwa drei Euro hat, sich also ökonomisch und gesellschaftlich dreifach rechnet[152]: So wird nicht nur das öffentliche Angebot der Daseinsvorsorge erweitert und die Gesundheitsinfrastruktur gestärkt (und: Kapitalstöcke erneuert, das öffentliche Vermögen vermehrt), sondern es werden auch Arbeitsplätze geschaffen und die Konjunktur gerade aufgrund ihrer nicht-privatwirtschaftlichen, kommunalen Organisation stabilisiert.

Das Potenzial ist enorm: Immerhin werden 80 bis 90 Prozent der Pflegebedürftigen zu Hause umsorgt. Jeder investierte Euro rechnet sich jedoch nicht bloß, er reduziert ebenso den Druck auf Familien und die Care-Arbeiter*innen, die im Niedriglohnbereich oder informell tätig sind. Sie hätten durch die Erweiterung des öffentlichen Angebots eine Alternative. Durch eine solche gezielte, strukturelle Aufwertung von bezahlten Care-Tätigkeitsfeldern erhöht sich ebenso der individuelle soziale Status von Pflege- und Betreuungskräften, der geschlechtsspezifischen Zuweisung kann durch eine Umverteilung von Arbeit und Ressourcen entgegengewirkt werden.

Care boomt nicht, Care crasht nicht. Care schafft sozial nachhaltiges Wachstum. Eine öffentliche Wirtschaftspolitik, die Care ins Zentrum rückt, schafft Wohlstand. Damit einhergehend würde sich die Gesellschaft vom Fokus auf Profit und Wachstum gleichsam entfernen; destruktive, strukturelle Wirtschaftsweisen wären gezielt abzuwerten, die Frage nach Wert und Reichtum jenseits von Mehrwert und Kapitalkonzentration neu zu stellen.

///

Die zentrale Frage nach der nicht individuellen, sondern gesellschaftlichen Organisation unbezahlter Arbeit bleibt durch gleichstellungspolitische Interventionen in den Arbeitsmarkt (Förderung von Frauenerwerbstätigkeit, Entdiskriminierung von Teilzeit, Lohntransparenz usw.) „weitgehend unbeantwortet“, wie auch die feministische Ökonomin Mascha Madörin im Hinblick auf fehlende, systematische Auseinandersetzungen mit neueren Geldtheorien und Care-Economy anmerkt.[153]

Die Care-Economy hat eine fundamentalökonomische Funktion: An ihr hängen direkt und indirekt alle anderen Wirtschaftssektoren. Eine entsprechende Berücksichtigung sollte ihr im Hinblick auf die Bedingungen ihrer Ausübung und auf soziale Sicherung zuerkannt werden. Und entsprechende sozial- und wirtschaftspolitische Strategien, die an Gleichstellung und gleicher Teilhabe auszurichten sind, sollten Niederschlag in öffentlichen Budgets und ihrer Umsetzung finden – im Sinne eines echten „Engenderings“[154]. Der Begriff meint, die Geschichte, Maßfiguren und Modelle der Ökonomie feministisch zu reflektieren, zu dekonstruieren und neu zu entwerfen. Die Potenziale im Fiskal- und Budgetbereich sind eminent, sie sind jedoch bislang eminent unausgeschöpft: Das staatliche Budget ist schließlich Resultat politischer Entscheidungen – wie, beziehungsweise von wem, werden Einnahmen erhoben, für welche Zwecke und für wen werden Ausgaben getätigt?[155] Staatliche Budgets stellen insofern – ähnlich dem Recht – ein wesentliches Instrument politischer Regulation und Intervention dar, reflektieren und materialisieren aber auch politökonomische Strukturen einer Gesellschaft und deren Machtverhältnisse.[156] Budget(-politik) fungiert nicht zuletzt immer noch „als Vermittlungsinstanz zwischen männlichen Wirtschaftssubjekten und maskulinen staatlichen Institutionen, vor allem Militär und Bürokratie“[157], sind damit doch nicht nur Fragen staatlicher Souveränität verbunden, sondern ist auch das spannungsreiche Verhältnis von allgemeiner Teilhabe am sowie Aufteilung und Umverteilung des erzielten Steueraufkommens angesprochen, außerdem spezielle steuerrechtliche Privilegien. Es geht demnach um Macht.

Das Verständnis von „Gender Budgeting“, das sich in den letzten Jahrzehnten durchgesetzt hat, bleibt hinter den ursprünglich formulierten Ansprüchen, Budgets zu analysieren, geschlechterkritisch zu revidieren und in politischen Verhandlungen umfassend und nachhaltig geschlechtergerecht zu gestalten, weit zurück: Es versteht Gender Budgeting primär als Wirkungsevaluation von öffentlichen Finanzen, in die keine solchen Strategien eingelassen sind; es ist bis jetzt inhaltsleere bürokratische Praxis: Das muss sich ändern! Zuletzt hat eine erste feministisch-ökonomische Analyse der Corona-Wirtschaftshilfen und der Wiederaufbaupläne von Elisabeth Klatzer und Azzura Rinaldi[158] gezeigt, dass diese aufgrund ihrer Geschlechtsneutralität Frauen benachteiligen und nicht auf die von der Krise am stärksten betroffenen Branchen und Industrien (haushaltsnahe Dienstleistungen, Gesundheits- und Sozialwesen, Bildung, Kunst und Kultur, Gastronomie und Hotellerie usw.) fokussieren, sondern auf die männerdominierten (Landwirtschaft, Energie, Transport, Informations- und Kommunikationstechnologie, Bauwirtschaft usw.). Sorgearbeit und Versorgungsökonomie bleiben Leerstellen: „[...] in den Plänen sind weder ein Wiederaufbau des Care-Sektors noch ein Übergang zu einer Care-Economy enthalten, der eine wichtige Grundlage zum Aufbau von Resilienz wäre."[159]

Was tun?

Die gegenwärtige Krisensituation könnte dazu beitragen, dass das öffentliche Verständnis für die ökonomische und gesellschaftliche Bedeutung von Care-Arbeit zunimmt, dass das strategische Schweigen gebrochen wird und Sorge als Fundament und alternatives Prinzip des Wirtschaftens Anerkennung findet – und so alternative Aufteilungen möglich werden und Integrationsprozesse von Arbeit und Leben einsetzen. Krise und Kritik haben schließlich eine gemeinsame Wortherkunft im Griechischen *(krises – entscheiden; kriein – urteilen)* und verweisen auf die prekäre und doch reale Möglichkeit der Veränderung. Die vielen aktuellen Initiativen und Kampagnen, die eine solche Veränderung in Richtung Care-Economy und konkrete Reformen – vom

„Care Mainstreaming" bis hin zu einem feministischen Konjunkturpaket – einfordern, sind beachtlich und machen Mut. Sie sollen hier auszugsweise und ohne Anspruch auf Vollständigkeit wiedergegeben werden:

Der Aufruf „Platz für Sorge" des Netzwerks „Care Revolution":

*„Wir sind Eltern, Pfleger*innen, Menschen mit gesundheitlichen Einschränkungen, Sozialarbeiter*innen, pflegende Angehörige sowie Menschen, die sich um die Zukunft sorgen und für alle Menschen ein gutes Leben verwirklichen möchten. Wir kümmern uns um andere und wir benötigen selbst solche Unterstützung. Dabei werden unsere Bedürfnisse ständig ignoriert – keine Zeit, kein Geld, kein Interesse an Care-Tätigkeiten. Jetzt werden wir laut und fordern: Platz für Sorge! Eine an menschlichen Bedürfnissen orientierte Care-Arbeit gehört ins Zentrum unserer Gesellschaft!"*[160]

Der Initiativkreis „Care Macht mehr" mit eigenem Positionspapier, das auf das Care-Manifest von 2013 zurückgreift:

„Abhängigkeiten von Anderen und die Sorge füreinander sind keine Randerscheinungen, die auf kleine Gruppen der Gesellschaft reduziert sind. Vielmehr besteht menschliches und gesellschaftliches Leben aus Interdependenzen, denen mit unterschiedlichen Arten von Care begegnet wird. Eine faire Gesellschaft muss deshalb

an diesen – für die Existenz aller – notwendigen Tätigkeiten und am Bedarf ausgerichtet werden. Überall in ökonomischen und sozialpolitischen Planungsprozessen soll Care von Beginn an mitgedacht werden: Care Mainstreaming heißt, dass bei allen politischen Maßnahmen aller Ressorts die Auswirkungen auf Menschen, die Care-Verantwortung tragen, die Care-Tätigkeiten leisten oder die Care benötigen, als verpflichtende Dimension bei Entscheidungen berücksichtigt werden. Es braucht dafür eine breite gesellschaftliche Auseinandersetzung darüber, wie wir Care gemeinsam organisieren wollen, in der die Stimmen aller Beteiligten gehört werden."[161]

Die Interventionen des „Kollektivs feministischer Lockdown":

„*Wir fordern seit Jahren, dass Care-Dienstleistungen nicht als Kostenfaktor dargestellt werden, weil sie die Grundlage jeder Gesellschaft bilden. Wir fordern seit Jahren, endlich zur Kenntnis zu nehmen, dass der Care-Sektor strukturell massiv unterfinanziert ist und dass nicht die Wirtschaft diesen subventioniert, sondern dass umgekehrt die Care-Arbeiter_innen mit ihrer schlecht oder gar nicht bezahlten Care-Arbeit den Rest der Wirtschaft subventionieren. Wir fordern seit Jahren ein Ende der unsinnigen Restrukturierungen im Care-Sektor, die versuchen, Care-Dienstleistungen wie eine Autoproduktion zu reorganisieren. Wir fordern das Ende des*

Totsparens von Krankenhäusern, Schulen, Pflegeheimen und Kitas – statt einer in ihrer Wirkung höchst zweifelhaften Maßregelung der Bevölkerung, die sämtliche demokratischen Grundrechte mit Füßen tritt. Wir fordern das Ende einer öffentlichen Berichterstattung, die keinen Raum mehr für divergierende Meinungen lässt und die Bevölkerung in Angst und Panik versetzt."[162]

„Mehr für Care", eine Petition von Femme fiscale, die zwölf Milliarden für (durchgerechnete und detaillierte) Care-Investitionen fordert:

„*- Ein Zukunfts- & Bildungspaket im Ausmaß von 5 Milliarden Euro*

- Ein Pflegepaket im Ausmaß von 4 Milliarden Euro

- Ein Solidaritäts- & Lebensrettungspaket im Ausmaß von 3 Milliarden Euro

Da ‚Care'-Investitionen wie Kinderbetreuung, Bildung, Pflege und Gesundheit laut Studien doppelt so viele Arbeitsplätze wie Investitionen in ‚Beton' schaffen, würde dies auch die Wirtschaft beleben.

Allein die Hälfte des vorgeschlagenen Pakets schafft 165.000 bis 180.000 neue Jobs: Das Kindergartenpaket von 2 Milliarden Euro würde 30.000 bis 45.000 Jobs schaffen, die Investitionen in Pflege rund 135.000 Arbeitsplätze. Aufgrund des hohen Anteils von Löhnen und Gehältern sind die positiven volkswirtschaftlichen Nachfrage-Effekte dieser Investitionen höher als bei den *bisherigen Maßnahmen der Regierung. Dazu kommen hohe Rückflüsse durch Steuern und Sozialabgaben, die sich auch für das öffentliche Budget rechnen. Zusätzlich verbessern diese Investitionen das Angebot an öffentlichen Leistungen, die alle Menschen nutzen können, und tragen zu einem guten Leben für alle Menschen bei. Und: Diese Jobs sind ‚grüne Jobs' mit geringem CO_2-Ausstoß.*"[163]

///

Notwendig wäre – und das sind keine neuen Überlegungen, sondern im Zuge der Krise wiederholt artikulierte, hier angeführte, alte und neue, weitgehend uneingelöste feministische Forderungen[164] – eine generelle Arbeitszeitverkürzung als sozial- und wirtschaftspolitische Gleichstellungstrategie, um eine andere, neue Verteilung bezahlter und unbezahlter Arbeit zu ermöglichen und zu fördern. Sie wäre mit der notwendigen Diskussion nach der Neubewertung von Arbeit und gesellschaftlicher Anerkennung zu verknüpfen. Ausgangspunkt einer solchen Debatte müsste das Leben und seine Reproduktions- und Gelingensbedingungen sein, also kurz gesagt: Sie müsste sich um Sorge und Strukturen und um Profite und Individuen drehen. Das setzt einen Aufbau von sozialer Infrastruktur voraus, einen Ausbau von Pflege- und Betreuungseinrichtungen mit öffentlichen Mitteln, um entsprechend hohe Qualitätsstandards für Beschäftigte und Patient*innen zu schaffen und zur allgemeinen Wohlfahrtsproduktion beizutragen.

Für den Umbau der Ökonomie zu einer *Ökonomie der Sorge* ist das von Adelheid Biesecker und Sabine Hofmeister entwickelte Konzept der (Re-)Produktivität[165] zentral. Es ist ein Versuch der „Neuerfindung des Ökonomischen", um die „perverse Kopplung von Produktivität und Zerstörung" (Christa Wolf)[166], an der die moderne Ökonomie leidet, zu überwinden. Abkommen müssen wir auch von der Vorstellung, dass nur das, was nach den Regeln von Angebot und Nachfrage für anonyme Märkte hergestellt und auf diesen gehandelt wird, produktiv und von Wert sei. Davon, dass das, was im Vorborgenen, Unsichtbaren, Privaten geleistet und geschaffen wird, entweder gar nicht zähle, oder aber untergeordnet „über dem als wertlos Abgetrennten"[167] existiere. Darunter fallen die Arbeiten, die als weibliche Arbeiten gelten,

„[...] seien es Versorgungs-, Für- und Vorsorgetätigkeiten, Subsistenz- und Eigenarbeit sowie wesentliche Bereiche des zivilgesellschaftliche[n] Engagements insbesondere im sozialen Bereich – sind bis heute Frauensache. Die moderne Gesellschaft und ihre Ökonomie haben all diese Leistungen sozial zu ‚weiblicher Arbeit' gemacht, und sie machen das immer noch. Die Folgen dieser Trennungsstruktur sind jedoch nicht nur (Geschlechter-)Hierarchie und Abwertung, sondern auch

Zerstörung – Zerstörung der Produktivitäten der lebendigen Natur und der lebendigen Menschen jenseits des Marktes. Das geschieht nicht nur über deren maß- und sorglose Ausnutzung, sondern auch dadurch, dass viele Kosten des Wirtschaftens von ihnen getragen werden müssen. Die Folge sind daher", wie die Autorinnen betonen, „die vielen sozialen und ökologischen Krisen unserer Zeit. Sie alle sind Ausdruck ein- und derselben Krise: der Krise des ‚Reproduktiven' als eine sozial-ökologische Krise. Wirtschaften in diesem Modus vernichtet systemisch sowohl die materialen als auch die sozial lebensweltlichen Grundlagen künftigen Lebens und Wirtschaftens."[168]

„Die Gerechtigkeit bleibt im Kommen,
sie muß noch kommen."[169]
– *Jacques Derrida*

Wert schafft demzufolge zunächst nicht das, was produktiv ist, extrahiert oder durch Konkurrenz entsteht, sondern das, was die Bedingungen für die Wiederherstellung von Produktivität – durch Arbeit und Natur – ermöglicht. Das, was in Beziehung setzt, den sozialen Reichtum mehrt, sollte Eingang in Messung und vor allem Bewertung wirtschaftlicher Entwicklung finden. Ein Ergebnis könnte eine neue gemischt- oder gemeinwirtschaftliche Ordnung[170] sein.

Was sich dafür ändern muss, ist viel, es geht ums Ganze: unser Verhältnis zur Natur, die Geschlechterverhältnisse, die Wirtschaftsweise und die Mentalitäten. Eine Integration von Weiblichkeit/Männlichkeit, Körper/Geist, aber auch Privatheit/Öffentlichkeit und Natur/Kultur, also eine Überwindung von Spaltungen und Widersprüchen in den Tiefenstrukturen des Sozialen, die sich durch die Subjekte ziehen.

Institutionen wie die Organisation für wirtschaftliche Zusammenarbeit und Entwicklung (OECD) erarbeiten eigene „Well-Being"-Indizes, um den Wohlstand und das Wohlergehen alternativ zu messen.[171] Die Arbeiterkammer Wien legt jedes Jahr einen Wohlstandsbericht vor,[172] der versucht, nicht das Wirtschaftswachstum zu adressieren, sondern die Aspekte, die ein gutes Leben ausmachen – wie Gesundheit, Bildung, Gleichstellung, Verteilungsgerechtigkeit oder ökologische Nachhaltigkeit –, und zwar auf Basis eines Sets von 30 Indikatoren. Die „Commission on the Measurement of Economic Performance and Social Progress" hat im Auftrag der französischen Regierung unter Nicolas Sarkozy sechs Dimensionen entworfen (materieller Lebensstandard, Gesundheit, Bildung, persönliche Tätigkeiten einschließlich Arbeit, politische Stimme und Governance, soziale Verbindungen und Beziehungen, Umwelt, Unsicherheit) und einen umfangreichen Bericht mit zwölf Empfehlungen abgegeben, um die Messung des Bruttoinlandsprodukts mit „Wohlergehensfaktoren" umfassend zu integrieren.[173] Es gibt sie also, die wohlüberlegten Modelle und die alternativen, gemeinwohlorientierten Rationalitäten, in denen Care, Beziehungsreichtum und Lebensqualität einen integralen Part haben. Sie harren einer Umsetzung. Es wäre höchst an der Zeit!

Letztlich muss es darum gehen, den „Gewaltreflex gegen das Weibliche"[174] zu überwinden, der der beständigen Missachtung und Entwertung von Sorgenden und Sorgearbeit eigen ist; und darum, eine Strategie zu finden, Gleichheit und Differenz in gerechter Weise anhand der intimen, privaten, partikularen, ökonomischen, universellen Funktionen und Sphären von Care zu verhandeln, fortlaufend und fundamental. Die Notwendigkeit der Sorge um sich, um andere, um die Welt verdeutlicht die Bedingtheit von Existenz. Sorge zu kultivieren, be- und aufzuwerten und als Prinzip gesellschaftlicher Organisation zu verankern, wäre nicht mehr und nicht weniger denn Emanzipation.

Anmerkungen

1 Arendt 1993, 17–27, 24.
2 Fraser 2017, 105.
3 Foissner/Glassner/Theurl.
4 Fraser 2017, 106.
5 Michalitsch 2020, 182.
6 Cixous 2013, 60.
7 Gilligan 1984.
8 Cixous 2013, 45.
9 Kristeva 1989, 248f.
10 Nussbaum 2002, 12.
11 Holzleithner, 2008a, 11; MacKinnon 1996a, 144, 151.
12 MacKinnon 1996a, 151.
13 Dahl 1992.
14 Baer 2009, 29.
15 Zu den Begriffsdimensionen von Frauen*rechten vgl. Purth/Berger 2017.
16 Foljanty 2012, 40 ff.
17 Künzel, 2012, 68.
18 MacKinnon 1996a, 144.
19 Connell 2009, 142.
20 MacKinnon 1996a.
21 De Beauvoir 1951/1986, 265.
22 MacKinnon 1996b, 7.
23 Nussbaum 2002, 12.
24 Nussbaum 2016.

25 Ganz im Gegenteil zur politischen Emotion der Angst, die mit empfundener Machtlosigkeit, Abscheu, Abwehr, Aggression und Feindschaftsorientierungen einhergeht; Nussbaum 2018.

26 Zu den Begriffsdimensionen von Haushalt vgl. Berger 2021.

27 Bourdieu 1982, 153–217.

28 Floßmann 1988, 1–27.

29 Estlund/Nussbaum 1997.

30 Mill 1869/1984.

31 Moller Okin 1989.

32 Nussbaum 2002, 207 ff.

33 Nussbaum 2002, 208.

34 MacKinnon 1996a, 146.

35 MacKinnon 1996a, 146 ff.

36 MacKinnon 1996a, 153 f.

37 MacKinnon 1996a, 146, Hervorhebung im Original.

38 Gerhard 1990, 209.

39 Demirović et al 2011.

40 Michalitsch 2021b.

41 Michalitsch 2006, 48–100.

42 Bröckling 2007.

43 Michalitsch 2021a.

44 Hausbichler, Beate. 2020. Regierungskampagne „Schau auf dich": Das sind wir nicht, in: Der Standard.at, 30. 4. 2020. www.derstandard.at/story/2000117181940/regierungskampagne-schau-auf-dich-das-sind-wir-nicht.

45 Brunner 1956/2014, 97–109, 99.

46 Brunner 1956/2014; Polanyi 1978, 75.

47 Rousseau 1977 zit. nach Michalitsch 2012, 117–129, 119.

48 Smith 1776/1999.

49 Michalitsch 2010, 119–133, 123.

50 Gerhard 1978, 62 ff.

51 Schlager 2000, 100–107, 101.

52 Haidinger/Knittler 2016, 14.

53 Jochimsen 2003, 38–51, 40.

54 Jochimsen 2003, 41.

55 Jochimsen 2003, 41.

56 Louis 2019, 63.

57 Jochimsen 2003, 43 f.

58 Hofmeister 1994, 31–43, 39.

59 Woloch 2015.

60 Werlhof et al. 1983, 3–11, 10, Hervorhebung im Original.

61 Werlhof et al. 1983, 10.

62 Hausen 1976, 363–393.

63 Becker 1976a, 205 ff.; vgl. auch Becker 1976b.

64 Becker 1976a, 172.

65 Ott 1998, 63–90, 75.

66 Jochimsen 2003, 41.

67 Jochimsen 2003, 44f.

68 Schmid 2007, 63 ff.

69 Becker 1976a.

70 Haidinger/Knittler 2016, 15.

71 Katz 1997, 25–46.

72 Haidinger/Knittler 2016, 15.

73 Luxemburg 1913/1990.

74 Weiland 1983, 162 ff.; Michalitsch/Schlager 2006, 7.

75 Knittler 2018a, 87–101, 94 ff.

76 Knittler 2018a, 95.

77 Baumol 2012; Madörin 2018, 190–202.

78 Madörin 2018, 193 ff.

79 Schlager 2020, 184–190.

80 Schmid 2007, 106.

81 Schlager 2009, 128.

82 Mairhuber 2001, 137–162, 138 ff.

83 Schlager 2009, 127–137, 128–129, 134.

84 Wie eine solche statistische Erfassung sinnvoll stattfinden kann (etwa durch eine Integration in die Volkswirtschaftliche Gesamtrechnung und damit in das BIP oder aber durch Zeitverwendungserhebungen und Satellitenkonten) und welche wirtschaftspolitischen Strategien und Maßnahmen geeignet sind, um geschlechtsspezifische Ungleichheiten abzubauen, die gesellschaftliche Arbeitsteilung gerechter zu gestalten und die Care-Economy zukunftsgerichtet zu organisieren und zu finanzieren, wird freilich kontrovers diskutiert. Siehe dazu etwa Peter/Rudolf 2021 und die Replik von Krämer 2021.

85 Schlager 2000, 105.

86 Bärtsch et al. 2017.

87 www.thecareeconomy.ca/statement/ (21.07.2021).

88 Fraser 2017, 105–114, 107.

89 Fraser 2017, 107.

90 EU-SILC, in Österreich durchgeführt von der Statistik Austria, eingebettet in das Europäische Statistische System.

91 Mader et al. 2012, 983-994.

92 Schlager 2009, 129; Michalitsch 2014.

93 Mader et al. 2012, 985.

94 Wetterer 2002; Wetterer 2003, 286–319. 2003.

95 Mader et al. 2012, 986.

96 Mader et al. 2012, 988.

97 Mader et al. 2012, 989.

98 Genau genommen in 49 Prozent der untersuchten Fälle. Haushalte mit einem Mann als Hauptverdiener treffen hingegen nur 38 Prozent der Entscheidungen gemeinsam.

99 Mader et al. 2012, 989, 991.

100 Mader et al. 2012, 990.

101 Mader et al. 2012, 991.

102 Mader et al. 2012, 992 f.

103 Knittler 2018b; Knittler et al. 2019, 841.

104 Knittler 2018b, 751.

105 Knittler 2018b, 751.

106 Knittler 2018b, 751.

107 Knittler 2018b, 751.

108 De Beisac 2007, 65f.

109 „Gendergap noch größer geworden", ORF.at, 29.6.2021, www.orf.at/stories/3219153/ (14.7.2021).

110 Ebenda: „Der durchschnittliche ‚Gewinn' durch die Abschlagsfreiheit betrug im Vorjahr 308 Euro. Deshalb stieg die durchschnittliche Pensionshöhe der Männer um 14,7 Prozent auf 2588,77 Euro, jene von Frauen hingegen nur um 5,3 Prozent auf 1457,35 Euro, gerechnet auf die Neuzugänge in die Alterspension."

111 Ebenda.

112 Bundesverfassungsgesetz über unterschiedliche Altersgrenzen von männlichen und weiblichen Sozialversicherten, BGBl. Nr. 832/1992.

113 Mayrhuber/Lutz/Mairhuber 2021.

114 www.statistik.at/web_de/statistiken/wirtschaft/oeffentliche_finanzen_und_steuern/steuerstatistiken/lohnsteuerstatistik/index.html#index4.

115 Mairhuber et al. 2009, 434.

116 Schlager 2013.

117 Elsner 1970, 34, eigene Hervorhebung.

118 Der folgende Textabschnitt ist an einem in dieser Form und Fassung unveröffentlichten Manuskript mit dem Titel „Doppelstandards. Elternschaft, Arbeitsteilung und Ungleichheit" von Jelena Gučanin und dem Autor orientiert, welches im Rahmen eines Publikationsprojekts zu Sorgearbeit entstand, aus dem der Sammelband Tomaselli 2019 hervorging.

119 Für Mütter gilt seit 1979 ein „Mutterschutzgesetz" (MSchG), für Väter seit 1989 gilt – als Ausnahme zur Regel – das „Väter-Karenzgesetz" (VKG). Zur Frage, wie Recht zu einer gerechteren Verteilung von Sorgearbeit zwischen Männern und Frauen beitragen kann vgl. Sagmeister 2021.

120 APA/Redaktion, Zahl der Väter in Karenz geht zurück, DerStandard.at, 21. 9. 2018, www.derstandard.at/story/2000087803288/weniger-maenner-in-vaeterkarenz.

121 Badinter 1981.

122 Schumpeter (Blog) 2012, www.economist.com/node/21560856 (15.7.2021).

123 Pernicka et al. 2006.

124 Kleven et al. 2019, 5–6: www.henrikkleven.com/uploads/3/7/3/1/37310663/klevenetal_aea-pp_2019.pdf (15.7.2021).

125 Statistik Austria, Teilzeit, Teilzeitquote: www.statistik.at/web_de/statistiken/menschen_und_gesellschaft/arbeitsmarkt/arbeitszeit/teilzeitarbeit_teilzeitquote/index.html (15.7.2021).

126 Szigetvari 2019: www.derstandard.at/story/2000096990974/gehaltseinbussen-fuer-muetter-in-oesterreich-besonders-stark (15.7.2021).

127 Hausbichler 2017: www.derstandard.at/2000062732512/Frauen-werden-auch-kuenftig-weniger-bekommen (15.7.2021).

128 Wall et al. 2007.

129 www.statistik.at/web_de/statistiken/menschen_und_gesellschaft/soziales/zeitverwendung/zeitverwendungserhebung/index.html (18.7.2021).

130 Theißl 2020: www.derstandard.at/story/2000116187777/frauen-als-soziale-airbags-in-krisenzeiten (15.7.2021).

131 Mairhuber et al. 2009, 435.

132 Mader et al 2020: www.wu.ac.at/vw3/forschung/laufende-projekte/genderspezifscheeffektevoncovid-19 (15.7.2021).

133 Ebenda (15.7.2021).

134 Folbre 2010: www.economix.blogs.nytimes.com/2010/10/12/the-spousal-safety-net/ (15.7.2021)

135 Wichterich 2009.

136 Schlager 2020, 188.

137 Riedl et al. 2015, 71.

138 „Frauen von ‚Corona-Arbeitslosigkeit' wesentlich stärker betroffen", in: DerStandard.at, 15.7.2020, www.derstandard.at/story/2000118721685/frauen-von-corona-arbeitslosigkeit-wesentlich-staerker-betroffen (15.7.2021).

139 Siehe dazu den Abschnitt „Spaltungen" im Kapitel „Väter und Mütter".

140 Elson 2002: www.citeseerx.ist.psu.edu/viewdoc/download?doi=10.1.1.602.5603&rep=rep1&type=pdf (18.1.2021), 6, eigene Übersetzung.

141 Ebenda, 5.

142 Bakker 1994.

143 Maier et al. 2020: www.awblog.at/sie-nennen-es-liebe-wir-nennen-es-systemerhaltende-arbeit/ (18.1.2021).

144 Plank et al. 2020: www.awblog.at/oekonomie-des-alltagslebens/ (18.7.2021).

145 Neben notwendigem Klimaschutz und Klimaanpassungsmaßnahmen sind hier Dekarbonisierung, Digitalisierung und Deglobalisierung – also Regionalisierung von Wirtschaftskreisläufen und Märkten, Reindustrialisierung und Dezentralisierung von Verwaltung und staatlichen Kompetenzen – als wesentlichste Treiber und Momente des Strukturwandels zu nennen.

146 Das Arbeitsverhältnis von Haushalts-Arbeitsmigrantinnen in transnational organisierten Haushalten ist als hochgradig personalisiert und von Klassenhierarchien bestimmt zu charakterisieren. Es entstehen grenzüberschreitende „Sorgeketten" *(care chains)*, die die mit ihnen entstehenden „Sorgelücken" *(care gaps)* nicht nur nicht zu schließen vermögen, sondern diese – neokolonial – in die Sozialstrukturen des Globalen Südens, in die „zurückgelassenen" Familien, insbesondere Kinder, Männer und Ältere verlagern; vgl. dazu Haidinger 2013; Lutz 2008.

147 Nowotny 1993, 126 f.

148 Nowotny 1993: 128; vgl. auch BEIGEWUM/Attac 2012, 63–69.

149 Stuckler et al. 2013.

150 Horkheimer et al. 1997, 23.

151 www.derstandard.at/story/2000127784671/industrie-waechst-kraeftig-basis-des-wohlstands (18.7.2021).

152 Pervan et al. 2015.

153 Madörin 2018, 195.

154 Michalitsch 2002.

155 Mader 2010.

156 Michalitsch 2004, 71; Michalitsch 2007, 159.

157 Michalitsch 2004, 79.

158 Klatzer et al. 2020: www.alexandrageese.eu/wp-content/uploads/2020/07/Gender-Impact-Assessment-NextGenerationEU_Klatzer_Rinaldi_2020.pdf (19.1.2021).

159 Klatzer et al. 2020, 9, eigene Übersetzung.

160 www.care-revolution.org/wp-content/uploads/2020/10/Aufruf_Platz_fuer_Sorge.pdf (19.1.2021).

161 www.care-macht-mehr.com (19.1.2021).

162 www.feministischerlookdown.org/anliegen (19.7.2021).

163 www.mehr-fuer-care.at/petition/ (20.7.2021).

164 Vgl. etwa die Kapitel im dritten Abschnitt von Baran-Szołtys/Berger 2020 zum Forderungsprogramm des Frauen*Volksbegehrens 2018: www.frauenvolksbegehren.at/forderungen-frauenvolksbegehren/ (19.7.2021).

165 Biesecker et al.

166 Wolf 2003, 292.

167 Biesecker et al. 2006, 79.

168 Biesecker et al. 2014, 79.

169 Derrida 1991, 56, Hervorhebung im Original.

170 „Es ist illusionär und schädlich, alle Wirtschaftsbereiche nach einer Logik – der subjektiven Werttheorie der

Neoklassik – zu bewerten. Es gibt unterschiedliche Wirtschaftsbereiche mit eigenen Prinzipien und Regeln, die in komplexen Beziehungen zueinander stehen. So wie die unbezahlte Hauswirtschaft (z. B. Kochen, Putzen, Sorgen) verschieden vom lokalen Handwerk ist, so ist auch die kollektive Bereitstellung von essenziellen Alltagsgütern im Rahmen der Daseinsvorsorge anders zu organisieren und zu bewerten als etwa die exportorientierte Marktökonomie. Daher unterscheidet der grundversorgungsorientierte Ansatz der Alltagsökonomie (Foundational Economy) in Anlehnung an Fernand Braudel verschiedene Wirtschaftsbereiche. In dem wesentlich von Frauen getragenen unbezahlten Sektor werden etwa gleich viele Arbeitsstunden erbracht wie im monetär bewerteten Sektor. Nur Letzterer wird in der Volkswirtschaftlichen Gesamtrechnung (VGR) erfasst, weshalb viele Bereiche und Leistungen der Alltagsökonomie unsichtbar bleiben. Die monetär bewerteten Kernbereiche der Alltagsökonomie umfassen die Daseinsvorsorge und die grundlegende Nahversorgung (z. B. Lebensmittelhandel, Drogerien), die die Grundversorgung sicherstellen – daher auch Grundversorgungsökonomie." Kirsch et al. 2020: www.awblog.at/leistungstraegerinnen-des-alltagslebens-aufwerten/ (19.1.2021).

171 www.oecd.org/statistics/measuring-well-being-and-progress.htm (21.7.2021).

172 Zuletzt für 2020: wien.arbeiterkammer.at/interessenvertretung/verteilungsgerechtigkeit/AK_Wohlstandsbericht_2020.html (21.7.2021).

173 www.ec.europa.eu/eurostat/documents/8131721/8131772/Stiglitz-Sen-Fitoussi-Commission-report.pdf (21.7.2021).

174 Hofmeister 1994, 39.

Literatur

Arendt, Hannah. 1993. Was ist Politik? Fragmente aus dem Nachlass. Hrsg. v. Ursula Ludz. (Fragment 2b: Vorurteil und Urteil). Piper, München.

Arioli, Kathrin/Cottier, Michelle/Farahmand, Patricia/Küng, Zita (Hrsg.). 2008. Wandel der Geschlechterverhältnisse durch Recht? Dike/Nomos, Zürich/St. Gallen/Baden-Baden.

Badinter, Élisabeth. 1981. Die Mutterliebe: Die Geschichte eines Gefühls vom 17. Jahrhundert bis heute. Aus d. Frz. v. Friedrich Griese. Piper, München.

Baer, Susanne. 2009. Entwicklung und Stand feministischer Rechtswissenschaft in Deutschland, in: Rudolf 2009, 15–36.

Bärtsch, Tobias/Drognitz, Daniel/Eschenmoser, Sarah/Grieder, Michael/Hanselmann, Adrian/Kamber, Alexander/Rauch, Anna-Pia/Raunig, Gerald/Schreibmüller, Pascale/Schrick, Nadine/Umurungi, Marilyn/Vanecek, Jana (Hrsg.). 2017. Ökologien der Sorge. transversal texts, Wien.

Bakker, Isabella (Hrsg.). 1994. The Strategic Silence: Gender and Economic Policy. Zed Books, London.

Baran-Szołtys, Magdalena/Berger, Christian (Hrsg.). 2020. Über Forderungen: Wie feministischer Aktivismus gelingt. Kremayr & Scheriau, Wien.

Baumol, William. 2012. The Cost Disease. Why Computers Get Cheaper and Health Care Doesn't. Yale University Press, New Haven (CT).

Becker, Gary S. 1976a. A Treatise on the Family. Harvard University Press, Cambridge (Mass.).

– 1976b. The Economic Approach to Human Behavior. University of Chicago Press, Chicago/London.

Beigewum (Hrsg.). 2018. Umkämpfte Technologien: Arbeit im digitalen Wandel. VSA-Verlag, Hamburg.

Beigewum/Attac (Hrsg.). 2010. Mythen der Krise: Einsprüche gegen falsche Lehren aus dem großen Crash. VSA-Verlag, Hamburg.

Berger, Christian. 2021. Haushalt, in: Gender Glossar. Verfügbar unter: www.gender-glossar.de/h/item/106-haushalt (11.7.2021).

Biesecker, Adelheid/Hofmeister, Sabine. 2006. Die Neuerfindung des Ökonomischen. Ein (re)produktionstheoretischer Beitrag zur sozial-ökologischen Forschung. Oekom Verlag, München.

Biesecker, Adelheid/Hofmeister, Sabine. 2014. (Re)Produktivität als ein sozial-ökologisches „Brückenkonzept", in: Katz, Christine/Heilmann/Sebastian/Thiem, Anja/Moths, Katharina/Koch, Lea M./Hofmeister, Sabine (Hrsg.). Nachhaltigkeit anders denken. Veränderungspotenziale durch Geschlechterperspektiven. Springer VS, Wiesbaden, 77–91.

Bohmann, Gerda/Hofbauer, Johanna/Schülein, Johann August (Hrsg.). 2014. Sozioökonomische Perspektiven: Texte zum Verhältnis von Gesellschaft und Ökonomie. facultas, Wien.

Bourdieu, Pierre. 1982. Die männliche Herrschaft, in: Dölling et al. 1982, 153–217.

Bröckling, Ulrich. 2007. Das unternehmerische Selbst: Soziologie einer Subjektivierungsform. Suhrkamp, Frankfurt am Main.

Brunner, Otto. 1956/2014. Das „ganze Haus" und die alteuropäische Ökonomik, in: Bohmann et al. 2014, 97–109.

Cixous, Hélène. 2013. Das Lachen der Medusa, in: Hutfless, Esther/Postl, Gertrude/Schäfer, Elisabeth (Hrsg.). Hélène Cixous: das Lachen der Medusa; zusammen mit aktuellen Beiträgen. Passagen Verlag, Wien, 39–61.

Connell, Raewyn/Pearse, Rebecca. 2009. Gender: in World Perspective. Polity, Cambridge (Mass.).

Conze, Werner (Hrsg.). 1976. Sozialgeschichte der Familie in der Neuzeit Europas. Klett, Stuttgart.

Dahl, Tove Stang. 1992. FrauenRecht. Eine Einführung in feministisches Recht. AJZ Verlag, Bielefeld.

De Beauvoir, Simone. 1951/1986. Das andere Geschlecht. Sitte und Sexus der Frau. Aus d. Frz. v. Uli Aumüller u. Grete Osterwald. Rowohlt, Reinbek bei Hamburg.

De Beisac, André. 2007. Die Einflüsse von Haushaltsstruktur und Konjunktur auf die Zeitallokation – eine empirische Analyse. Dissertation, Universität Augsburg.

Demirović, Alex/Dück, Julia/Becker, Florian/Bader, Pauline (Hrsg.). 2011. VielfachKrise. Im finanzmarktdominierten Kapitalismus. VSA Verlag, Hamburg.

Derrida, Jacques. 1991. Gesetzeskraft: Der „mystische Grund der Autorität". Aus d. Frz. v. Alexander García Düttmann. Suhrkamp, Frankfurt am Main.

Dölling, Irene/Krais, Beate (Hrsg.). 1982. Ein alltägliches Spiel. Geschlechtskonstruktion in der sozialen Praxis. Suhrkamp, Frankfurt am Main.

Elsner, Gisela. 1970. Das Berührungsverbot, Rowohlt, Reinbek bei Hamburg.

Elson, Diane. 2002. International Financial Architecture: A View from the Kitchen, in: *Femina Politica*, 11. Jg, Heft 1.

Estlund, David M./Nussbaum, Martha C. 1997. Sex, Preference, and Family: Essays on Law and Nature. Oxford University Press, New York.

Floßmann, Ursula (Hrsg.). 1988. Frau im Recht. Geschichte–Praxis–Politik. Universitätsverlag R. Trauner, Linz.

Foissner, Franziska/ Glassner, Vera/Theurl, Simon. 2021. Krisengewinner Patriarchat? Wie die COVID-Arbeitsmarktkrise Frauen trifft, in: Arbeiterkammer Wien (Hrsg.), Ein Jahr Corona: Ausblick Zukunft der Arbeit. ÖGB-Verlag, Wien, 56–68.

Folbre, Nancy. 2010. The Spousal Safety Net, Blog Economix - *The New York Times*, 12. 10. 2010.

Foljanty, Lena/Lembke, Ulrike (Hrsg.). 2012. Feministische Rechtswissenschaft: Ein Studienbuch. Nomos, Baden-Baden.

Foljanty, Lena. 2012. Quotenregelungen: Herausforderungen angesichts der Komplexität von Diskriminierung, in: *Femina Politica* 2/2012, Verlag Barbara Budrich, Leverkusen, 37–48.

Fraser, Nancy. 2017. Who cares? Die Ausbeutung der Sorgearbeit und ihre Krise, in: *Blätter für deutsche und internationale Politik* (Teil I), 4/2017, Blätter Verlagsges., Berlin, 105–114.

Gerhard, Ute. 1978. Verhältnisse und Verhinderungen. Frauenarbeit, Familie und Rechte der Frauen im 19. Jahrhundert. Suhrkamp, Frankfurt am Main.

- 1990. Gleichheit ohne Angleichung. Frauen im Recht. C. H. Beck, München.

Gilligan, Carol. 1984. Die andere Stimme. Lebenskonflikte und Moral der Frau. Piper, München.

Haidinger, Bettina. 2013. Hausfrau für zwei Länder sein: Zur Reproduktion des transnationalen Haushalts. Westfälisches Dampfboot, Münster.

Haidinger, Bettina/Knittler, Käthe. 2016. Feministische Ökonomie: Eine Einführung. Mandelbaum, Wien.

Hausbichler, Beate. 2017. Frauen werden auch künftig weniger Pension bekommen, in: *DerStandard.at*, 17. 8. 2017.

Hausen, Karin. 1976. Die Polarisierung der „Geschlechtscharaktere“. Eine Spiegelung der Dissoziation von Erwerbs- und Familienleben, in: Conze 1976, 363–393.

Hofmeister, Lilian. 1994. Analyse und Perspektiven, in: Bundesministerium für Frauenangelegenheiten (Hrsg.). Frauen und Recht: Eine Dokumentation der Enquete der Bundesministerin für Frauenangelegenheiten und des Bundesministers für Justiz vom 18. und 19. Oktober 1993. Bundeskanzleramt, Wien, 31–43.

Holzleithner, Elisabeth. 2008. Wandel der Geschlechterverhältnisse durch Recht? Ein Streifzug durch feministische Rechtswissenschaften und Legal Gender Studies, in: Arioli et al. 2008, 3–19.

Horkheimer, Max & Adorno, Theodor W. 1944/1997. Dialektik der Aufklärung. Suhrkamp, Frankfurt am Main.

Jochimsen, Maren A. 2003. Die Gestaltungskraft des Asymmetrischen – Kennzeichen klassischer Sorgesituationen und ihre theoretische Erfassung in der Ökonomik, in: *Zeitschrift für Wirtschafts- und Unternehmensethik* 4/1, Nomos, Baden-Baden, 38–51.

Katz, Elizabeth. 1997. The intra-household economics of voice and exit, in: *Feminist Economics*, Vol. 3 (3), Routledge, London, 25–46.

Klatzer, Elisabeth/Rinaldi, Azzurra. 2020. „#nextGenerationEU“ Leaves Women Behind: Gender Impact Assessment of the European Commission Proposals for the EU Recovery Plan. Study commissioned by The Greens/EFA Group in the European Parliament, initiated by Alexandra Geese, MEP.

Kleven, Henrik/Landais, Camille/Posch, Johanna/Steinhauer, Andreas/Zweimüller, Josef. 2019. Child Penalties Across Countries: Evidence and Explanations, NBER Working Paper No. 25524, 5–6.

Knittler, Käthe. 2018a. Auseinanderdriftende Produktivtäten und der Care-Sektor, in: Beigewum 2018, 87–101.
– 2018b. Atypische Beschäftigung 2017 – allgemein und im Familienkontext, in: *Statistische Nachrichten* 9/2018, 744–753.

Knittler, Käthe/Heuberger, Richard. 2019. Working Poor – Armutsgefährdung von Erwerbstätigen: Individuelle Einkommen und Äquivalenzeinkommen im Vergleich, in: *Statistische Nachrichten* 11/2019, 833–845.

Krämer, Ralf. Warum die unbezahlte „Sorge- und Versorgungsarbeit" nicht ins BIP gehört. Makronom.de, 13. 7. 2021.

Kreisky, Eva/Löffler, Marion/Spitaler, Georg (Hrsg.). 2012. Theoriearbeit in der Politikwissenschaft. facultas, Wien.

Kirsch, Astrid/Novy, Andreas/Plank, Leonhard. 2020. Die LeistungsträgerInnen des Alltagslebens aufwerten. A&W-Blog, 18. 12. 2020.

Kristeva, Julia. 1989. Jahreszahl. Geschichte von der Liebe. Suhrkamp, Frankfurt am Main.

Künzel, Annegret. 2012. Feministische Theorien und Debatten, in: Foljanty et al. 2012, 52–73.

Louis, Édouard. 2019. Das Ende von Eddy. Aus d. Frz. v. Hinrich Schmidt-Henkel. Fischer, Frankfurt am Main.

Lutz, Helma. 2008. Vom Weltmarkt in den Privathaushalt: Die neuen Dienstmädchen im Zeitalter der Globalisierung. Barbara Budrich, Opladen/Farmington Hills.

Luxemburg, Rosa. 1913/1985. Die Akkumulation des Kapitals, in: Gesammelte Werke, Band 5: Ökonomische Schriften. Dietz Verlag, Ost-Berlin, 6–411.

MacKinnon, Catharine A. 1996a. Geschlechtergleichheit: Über Gleichheit und Herrschaft, in: Nagl-Docekal et al. 1996, 140–173.
- 1996b. Only Words. Harvard University Press, Cambridge (Mass.).

Mader, Katharina. 2010. Gender Budgeting. Geschlechtergerechte Gestaltung von Wirtschaftspolitik, in: *Informationen zur Politischen Bildung* (33), BpB, Darmstadt, 44–49.

Mader, Katharina/Schneebaum, Alyssa/Skina-Tabue, Magdalena/Till-Tentschert, Ursula. 2012. Intrahaushaltsverteilung von Ressourcen: Geschlechtsspezifische Verteilung von Einkommen und Entscheidungsmacht, in: *Statistische Nachrichten* 12/2012, Statistik Austria, Wien, 983–994.

Mader, Katharina/Disslbacher, Franziska/Derndorfer, Judith/Lechinger, Vanessa/Six, Eva. 2020. Zeitverwendung von Paarhaushalten während COVID-19, Blog zu Genderspezifischen Effekten von COVID-19.

Madörin, Mascha. 2018. Die Care-Arbeit geht uns nicht aus – wer bezahlt dafür?, in: Beigewum 2018, 190–202.

Maier, Carina/Fahimi, Miriam. 2020. Sie nennen es Liebe, wir nennen es systemerhaltende Arbeit. A&W-Blog, 19. 05. 2020.

Mairhuber, Ingrid. 2001. Frauenarmut – ein sozialpolitisches Problem?!, in: Heitzmann, Karin/Schmid, Angelika (Hrsg.). Wege aus der Frauenarmut. Peter Lang Verlag, Frankfurt am Main, 137–162.

Mairhuber, Ingrid/Papouschek, Ulrike. 2009. Frauenerwerbsarbeit in Österreich. Brüche und Kontinuitäten einer begrenzten Integration seit Mitte der 90er Jahre (Frauenbericht 2010, Teil II:

Berichte zu ausgewählten Themen zur Entwicklung der Situation von Frauen in Österreich). Bundeskanzleramt, Wien.

Mayrhuber, Christine/Lutz, Hedwig/Mairhuber, Ingrid. 2021. Erwerbsaustritt, Pensionsantritt und Anhebung des Frauenpensionsantrittsalters ab 2024. Potentielle Auswirkungen auf Frauen, Branchen und Betriebe. WIFO/FORBA im Auftrag der Arbeiterkammer Wien.

Michalitsch, Gabriele. 2002. Engendering Economics: Grundlagen feministischer Ökonomie, in: *Kurswechsel* 1/2002, Sonderzahl, Wien, 10–21.

– 2004. L'état c'est lui. Budget-Entwürfe feministischer Theorie, in: Gubitzer, Luise/Trukeschitz, Birgit (Hrsg.). Frauen und Budget (Frauen, Forschung und Wirtschaft, Band 15). Peter Lang Verlag, Frankfurt am Main/Berlin/Bern, 71–83.

– 2006. Die neoliberale Domestizierung des Subjekts: Von den Leidenschaften zum Kalkül (Politik der Geschlechterverhältnisse, Band 23). Campus, Wien, 48–100.

– 2007. Gender Budgeting – Science and Fiction, in: Die Grünen Linz (Hrsg.). Frauen Macht Zukunft (Dokumentation, Band 33). Milena Verlag, Wien, 159–178.

– 2010. Geschlechterregierung und politische Ökonomie: Was Adam Smith damit zu tun hat, dass Frauen heute weniger als Männer verdienen, in: L'HOMME. Europäische Zeitschrift für Feministische Geschichtswissenschaft, Nr. 21, Böhlau Verlag, Wien, 119–133.

– 2012. Politische Ökonomie: Begriffe, Horizonte und Wissenspolitik, in: Kreisky et al. 2012, 117–129.

– 2013. Regierung der Freiheit: Die Formierung neoliberaler Subjekte, in: *grundrisse* 46/2013, www.grundrisse.net/grundrisse46/regierung_der_freiheit.htm (20.7.2021).

– 2014. Politische Geschlechter-Arithmetik: Die Regierung der Zahl – Ansätze einer feministischen Kritik der Statistik, in:

grundrisse 49/2014; www.grundrisse.net/grundrisse49/Politische_Geschlechter_Arithmetik.htm (14.7.2021)

- 2020. Quote oder Revolution?, in: Baran-Szołtys et al. 2020, 176–182.

- 2021. Das Öffentliche ist privat! Markt-Regierung und Geschlechter-Herrschaft, in: Kahlert, Heike/Cichecki, Diana/Degele, Nina Burkart/Günter (Hrsg.), Privat/öffentlich – Gesellschaftstheoretische Relevanz einer feministischen Debatte. Springer VS, Wiesbaden, im Erscheinen.

Michalitsch, Gabriele/Schlager, Christa. 2006. Feministische Ökonomik in Österreich: Eine Landvermessung verzögerten Widerspruchs, in: *Kurswechsel* 4/2006, Sonderzahl, Wien, 55–65.

Mill, John Stuart. 1869/1984. The Subjection of Women, in: Robson, John M. (Hrsg.), The Collected Works of John Stuart Mill, Volume XXI - Essays on Equality, Law, and Education. University of Toronto Press/Routledge & Kegan Paul, Toronto/London.

Moller Okin, Susan. 1989. Justice, Gender, and the Family. Basic Books, New York.

Nagl-Docekal, Herta/Pauer-Studer, Herlinde (Hrsg.). 1996. Politische Theorie. Differenz und Lebensqualität. Suhrkamp, Frankfurt am Main.

Nowotny, Helga. 1993. Eigenzeit: Entstehung und Strukturierung eines Zeitgefühls. Suhrkamp, Frankfurt am Main.

Nussbaum, Martha C. 2002. Konstruktionen der Liebe, des Begehrens und der Fürsorge. Drei philosophische Aufsätze. Aus d. Engl. v. Joachim Schulte. Reclam, Stuttgart.

- 2016. Politische Emotionen: Warum Liebe für Gerechtigkeit wichtig ist. Aus d. Engl. v. Ilse Utz. Suhrkamp, Berlin.

– 2018. The monarchy of fear: A philosopher looks at our political crisis. Simon & Schuster, New York.

Ott, Notburga. 1998. Der familienökonomische Ansatz von G.S. Becker, in: Pies, Ingo/Leschke, Martin (Hrsg.). Gary Beckers ökonomischer Imperialismus (Konzepte der Gesellschaftstheorie, Band 4). J.C.B. Mohr (Paul Siebeck), Tübingen, 63–90.

Pernicka, Susanne/Stadler, Bettina. 2006. Atypische Beschäftigung – Frauensache? Formen, Verbreitung, Bestimmungsfaktoren flexibler Arbeit, in: *Österreichische Zeitschrift für Soziologie* 3/2006, Springer, Wien, 3–21.

Pervan Ena/Schober, Christian/Müller, Claudia. 2015. Studie zum gesellschaftlichen Mehrwert der stationären Pflege- und Betreuungseinrichtungen in Niederösterreich und der Steiermark mittels einer SROI-Analyse. NPO & SE Kompetenzzentrum der WU Wien, Wien.

Peter, Anja/Rudolf, Christine. 2021. Ein feministischer Blick auf eine zukunftsfähige Versorgungsökonomie. Makronom.de, 21. 6. 2021.

Plank, Leonhard/Bärnthaler, „Richard"/Strickner, Alexandra. 2020. Ökonomie des Alltagslebens: Erneuern und transformieren, was uns versorgt. A&W-Blog, 22. 06. 2020.

Polanyi, Karl. 1978. The Great Transformation. Politische und ökonomische Ursprünge von Gesellschaften und Wirtschaftssystemen. Aus d. Engl. v. Heinrich Jelinek. Suhrkamp, Frankfurt am Main.

Purth, Valerie/Berger, Christian. 2017. Frauen*rechte, in: Gender Glossar. Verfügbar unter: www.gender-glossar.de/f/item/78-frauenrechte (11.7.2021).

Riedl, Aleksandra/Schoiswohl, Florian. 2015. Is there an added worker effect? – European labor supply during the crisis, in: *Focus on European Economic Integration* Q4/2015, 71–88.

Rudolf, Beate (Hrsg.). Geschlecht im Recht: Eine fortbestehende Herausforderung. Wallstein Verlag, Göttingen.

Sagmeister, Maria. 2021. Geschlechtergerechte Arbeitsteilung: Gleichheit, Autonomie und der arbeitsrechtliche Schutz von Eltern. Verlag Österreich, Wien.

Schlager, Christa. 2000. Unternehmen Haushalt. Aschenbrödels neue Kleider, in: *Kurswechsel* 2/2000, Sonderzahl, Wien, 100–107.

- 2009. Soziale Ungleichheit und Armut aus Geschlechterperspektive, in: Dimmel, Nikolaus/Heitzmann, Karin/Schenk, Martin (Hrsg.). Handbuch Armut in Österreich. Studienverlag, Innsbruck/Wien/Bozen, 127–137.
- 2013. Ökonomische Unabhängigkeit zu Beginn des 21. Jahrhunderts, in: Lehmann, Brigitte/Summer, Sibylle (Hrsg.). Weiblicher Eigensinn und Gesellschaftspolitik. ÖGB-Verlag, Wien, 7–31.
- 2020. Zum Wert von Frauenarbeit VOR, IN und NACH der Krise, in: Baran-Szołtys et al. 2020, 184–190.

Schmid, Angelika. 2007. Sind Einkommen und Güter einer Familie auf alle Familienmitglieder gleich verteilt? Untersuchung einer zentralen Annahme der Armutsforschung. Diplomarbeit, Wirtschaftsuniversität Wien.

Schumpeter (Blog). 2012. The Mommy Track: The Real Reason Women Don't Rise to the Top in Companies, in: *The Economist*, 25. 8. 2012.

Smith, Adam. 1776/1999. Der Wohlstand der Nationen. Eine Untersuchung seiner Natur und seiner Ursachen. Hrsg. v. Wallwitz. Aus d. Engl. v. Horst Claus Recktenwald. dtv, München.

Stuckler, David/Basu, Sanjay. 2013. The Body Economic. Why Austerity Kills. Recessions, Budget Battles, and the Politics of Life and Death. Basic Books, New York.

Szigetvari, András. Gehaltseinbußen für Mütter in Österreich besonders stark, in: *DerStandard.at*, 25. 1. 2019.

Theißl, Brigitte. 2020. Frauen als soziale Airbags in Krisenzeiten, in: *DerStandard.at*, 27. 3. 2020.

Tomaselli, Elisa (Hrsg.). 2019. Wen kümmert's? Die (un-)sichtbare Sorgearbeit in der Gesellschaft. ÖGB-Verlag, Wien.

Wall, Glenda/Arnold, Stephanie. 2007. How Involved Is Involved Fathering? An Exploration of the Contemporary Culture of Fatherhood. In: *Gender & Society* 21, 508–527.

Weiland, Daniela. 1983. Geschichte der Frauenemanzipation in Deutschland und Österreich. Econ, Düsseldorf.

Werlhof, Claudia v./Mies, Maria/Bennholdt-Thomsen, Veronika. 1983. Frauen, die letzte Kolonie (Die Zukunft der Arbeit, Band 4). Rowohlt, Reinbek bei Hamburg.

Wetterer, Angelika. 2002. Arbeitsteilung und Geschlechterkonstruktion: „Gender at Work" in theoretischer und historischer Perspektive. UVK Verlag, Konstanz.

- 2003. Rhetorische Modernisierung: Vom Verschwinden der Ungleichheit aus dem zeitgenössischen Differenzwissen, in: Knapp, Gudrun-Axeli/Wetterer, Angelika (Hrsg.). Achsen der Differenz: Gesellschaftstheorie und feministische Kritik II. Westfälisches Dampfboot, Münster, 286–319.

Wichterich, Christa. 2009. Frauen als soziale Airbags. Ein feministischer Blick auf die globalen Krisen, in *Lunapark21*, Heft 6, Michendorf, 22–25.

Wolf, Christa. 2003. Ein Tag im Jahr. 1960–2000. Luchterhand Literaturverlag, München.

Woloch, Nancy. 2015. A Class by Herself: Protective Laws for Women Workers, 1890s–1990s. Princeton University Press, Princeton, New Jersey.

Foto © Mercan Sümbültepe

Christian Berger

geboren 1991, ist Sozioökonom, Lektor u. a. an der WU Wien und Referent in der Arbeiterkammer Wien. Er war einer der Sprecher*innen des Frauen*Volksbegehrens. Seine Forschungs- und Arbeitsschwerpunkte sind Gesellschaftstheorie, Feministische Politische Ökonomie sowie Grundlagen der Gleichbehandlung.

Gedruckt mit freundlicher Unterstützung
durch die Kulturabteilung der Stadt Wien

Stadt
Wien

www.kremayr-scheriau.at

ISBN 978-3-218-01283-6
Copyright © 2021 by Verlag Kremayr & Scheriau GmbH & Co. KG, Wien
Alle Rechte vorbehalten
Linolschnitt, Schutzumschlaggestaltung,
typografische Gestaltung und Satz: Sheila Ehm
Reihen-Konzept: Stefanie Jaksch
Lektorat: Paul Maercker
Druck und Bindung: FINIDR s.r.o., Český Těšín